Orar 15 dias com
Santo Antônio

FREI CLARÊNCIO NEOTTI, Ofm

Orar 15 dias com
SANTO ANTÔNIO

*O Santo Padroeiro de
Todas as Causas*

EDITORA
SANTUÁRIO

DIRETOR EDITORIAL:
Marcelo C. Araújo

COPIDESQUE:
Bruna Marzullo

EDITORES:
Avelino Grassi
Márcio F. dos Anjos

REVISÃO:
Eliana Maria Barreto Ferreira

DIAGRAMAÇÃO E CAPA:
Juliano de Sousa Cervelin

COORDENAÇÃO EDITORIAL:
Ana Lúcia de Castro Leite

**Dados Internacionais de Catalogação na Publicação (CIP)
(Câmara Brasileira do Livro, SP, Brasil)**

Neotti, Clarêncio
Orar 15 dias com Santo Antônio: o Santo Padrueiro de todas as causas / Frei Clarêncio Neotti. – Aparecida, SP: Editora Santuário, 2009. (Coleção Orar 15 dias, 17)

ISBN 978-85-369-0165-7

1. Antônio, Santo, 1195-1231 2. Espiritualidade 3. Orações 4. Vida espiritual I. Título.

09-04461   CDD-242

Índices para catálogo sistemático:

1. Orações: Cristianismo 242

3ª impressão

Todos os direitos reservados à **EDITORA SANTUÁRIO** — 2023

Rua Padre Claro Monteiro, 342 — 12570-045 — Aparecida-SP
Tel.: 12 3104-2000 — Televendas: 0800 016 00 04
www.editorasantuario.com.br
vendas@editorasantuario.com.br

INTRODUÇÃO

Poderíamos organizar os 15 dias com Santo Antônio de várias outras maneiras. Escolhemos refletir sobre os sete dons do Espírito Santo e os sete vícios capitais. E, entre uns e outros, rezar um dia com Maria, Mãe de Deus, tendo sempre Santo Antônio como inspirador e guia.

Em 15 dias, ficamos longe de focar os temas sobre os quais pregou Santo Antônio ou de retratar sua personalidade, certamente das mais ricas entre os santos. Bastaria lembrar que ele tem o título máximo de "Doutor da Igreja" e, ao mesmo tempo, é o santo mais popular do mundo. Santo Antônio é, de fato, um fenômeno entre os santos. Excepcional foi sua canonização: antes de ter passado um ano de sua morte, ele foi posto no altar, com festa obrigatória para todas as igrejas do mundo no dia 13 de junho.

Sobre Santo Antônio, temos seis legendas. O que é uma legenda? Não confundir com lenda. Legenda é uma forma verbal latina do verbo ler, que significa "o que deve ou pode ser lido". Os mosteiros e os conventos costumam ler no coro uma história resumida do santo do dia. Esse texto escrito especialmente para ser lido no coro se chama "legenda". Costumam os monges e os religiosos também ler à mesa, durante o almoço, sobre o santo do dia. Como havia mais tempo (ao menos 30 minutos), compunha-se para esse momento um texto mais comprido. Esse texto também se chamava "legenda", isto é, um texto para ser lido durante a refeição.

As legendas medievais costumavam ser floridas. Havia até um estilo próprio de escrever legendas (como a poesia, o teatro, o romance). Dou o título e a data das legendas sobre Santo Antônio, porque elas vêm citadas nos textos dos 15 dias. Cito-as pela sequência da data: Vida Primeira ou Assídua (1232), Vida Segunda (1235), Diálogo (1245), Benígnitas (1276), Raimondina (1293), Rigaldina (1298). Além disso, temos o primeiro de todos os documentos, a Bula de Canonização (1232), e um inteiro Ofício ritmado (1235), para ser recitado no coro na festa de Santo Antônio. É dentro desse Ofício que encontramos o famoso hino do "*Si Quæris*" (Se milagres tu procuras).

Lembro ainda que não temos nenhum outro escrito de Santo Antônio fora os esquemas de sermões dominicais e festivos, que ele escreveu em latim como subsídio para seus alunos de teologia.

Antes que me perguntem onde se podem comprar os Sermões de Santo Antônio, quero dizer que eles são extremamente difíceis de ler. Aconselho a leitura de textos selecionados (mais de mil), que publiquei pela Editora Santuário em 2007, sob o título "Santo Antônio, mestre da vida". De fato, Santo Antônio é um mestre e um guia de espiritualidade viva.

Frei Clarêncio Neotti

Primeiro dia

SANTO ANTÔNIO, MESTRE DE SABEDORIA

Onde houver justiça, haverá sabedoria;
onde houver sabedoria, haverá o paraíso
do Senhor.

Segundo a Sagrada Escritura, é justa a pessoa que cumpre sinceramente a Lei de Deus, ou seja, os 10 Mandamentos de Moisés. É justa a pessoa que, além de cumprir com fidelidade os preceitos do Senhor, transforma-os em comportamento de vida. Pessoa justa acaba sendo sinônimo de pessoa santa. Porque a verdadeira justiça é santidade.

A frase de Santo Antônio pode ser lida assim: "Onde houver santidade, haverá sabedoria; onde houver sabedoria, está o paraíso do Senhor".

Que significa a palavra "sabedoria"? Quem é "sábio"? A Sabedoria, na Sagrada Escritura, prende-se a "sabor", a "ter gosto". Não se prende ao saber muitas coisas e conhecê-las em profundidade, mas em saber comportar-se com gosto dentro da ordem normal das coisas, ordem pressupostamente organizada pelo Criador. Quanto mais equilibrada é a pessoa em suas três dimensões (para dentro de si mesma, para o próximo e para Deus), tanto mais sábia é.

O Antigo Testamento tem uma coleção de livros chamados "Sapienciais", justamente porque ensinam o bom comportamento (Jó, Salmos, Provérbios, Eclesiastes, Cântico dos Cânticos, Eclesiástico e Sabedoria). Para esses livros, Sabedoria é regra de vida prática. A Sabedoria é uma virtude, ou seja, uma qualidade que se conquista para impregnar a vida, em todo o seu âmbito (religioso, profissional, conjugal, social). Na Carta de Tiago, lemos: "Quem for sábio, mostre com seu comportamento obras cheias de sabedoria" (Tg 3,13).

A criatura humana, vivendo no dia-a-dia os Mandamentos, sabe que eles refletem qualidades de Deus. Por isso mesmo, a Sabedoria acaba sendo vista como uma qualidade suprema de Deus, que Ele reparte com as criaturas à medida que o ser, como um vaso, quer receber e assimilar. Jesus foi a criatura mais perfeita. São Paulo chama-o de "Sabedoria de Deus", ou seja, alguém que em tudo se pautou pela vontade do Pai, também no caminho da cruz, que aos olhos humanos parece loucura, mas na perspectiva de Deus "é poder e sabedoria divina" (cf. 1Cor 1,23).

Assim como Jesus disse no Sermão da Planície: "Sede misericordiosos como o Pai do Céu é misericordioso" (Lc 6,36), também poderia ter dito: "Sede sábios como o Pai do Céu é sábio". Viver sabiamente é possível à criatura humana marcada, desde a queda de Adão e Eva, pelo desequilíbrio físico e psíquico. A vida inteira da criatura humana consiste na procura do equilíbrio perdido, no esforço por ser justa, ou seja, por ser santa, como o Pai do Céu é santo (Lv 19,2). Repitamos a frase de Santo Antônio: "Onde há justiça, há sabedoria; onde há sabedoria, encontra-se o paraíso do Senhor".

Compreende-se, então, a página do livro da Sabedoria, que põe na boca de Salomão (um dos símbolos do homem sábio no Antigo Testamento): "Sou homem mortal. Respiro o ar que todos respiram. Piso a terra que todos pisam. Mas pedi a Deus e ele me deu o espírito da Sabedoria. Prefiro a Sabedoria ao trono. Em comparação com a Sabedoria, riqueza é nada. Diante da Sabedoria, o ouro do mundo é um punhado de areia. Ao lado da Sabedoria, a prata é lama. Amo a Sabedoria mais que a saúde e a beleza. Com a Sabedoria, me vieram todos os bens (cf. Sb 7,1-11).

Pouco mais adiante, ainda diz Salomão: "Entrando nas almas santas, a Sabedoria forma os amigos de Deus, pois Deus ama somente a quem convive com a Sabedoria" (Sb 7,27-28). Seria bom, neste momento, parar a leitura e comparar a frase de Salomão com a de Santo Antônio: "Onde há santidade, há sabedoria; onde há sabedoria, temos o paraíso". Ou seja, uma vida com Deus.

Por isso se poderia definir a Sabedoria também como o gosto pelas coisas de Deus, ou seja, o gosto de viver na presença de Deus. E isso é paraíso.

Infância e adolescência

Santo Antônio nasceu em Lisboa, Portugal, onde moravam seus pais, não longe da Catedral. Hoje, sua casa paterna está transformada em Basílica.

Não sabemos exatamente o ano de seu nascimento. Costuma-se dizer que foi em 1185. Por isso, também, não sabemos exatamente com quantos anos morreu. Sabemos, ao certo, que morreu no dia 13 de junho de 1231.

Seus pais se chamavam Martim de Bulhões e Teresa Taveira. O segundo filho do casal (tiveram dois filhos e duas filhas) foi batizado com o nome de Fernando, que será o futuro Santo Antônio. Sabe-se que foi batizado na pia batismal da Catedral, dedicada a Santa Maria, e ainda em fase de acabamento. E foi na escola da Catedral, onde os próprios cônegos eram os professores, que aprendeu a ler e escrever, estudou o catecismo e sentiu o chamado para a vida religiosa. Na escola daquele tempo, assim que o aluno estava alfabetizado, as aulas eram dadas em latim. Por isso, Santo Antônio dominava por inteiro a língua latina e, mais tarde, escreveu todos os sermões em latim.

Não sabemos em que ano (provavelmente aos 15 anos, porque só aos 16 podia alguém professar num mosteiro) ele se apresentou como vocacionado, no mosteiro de São Vicente de Fora, para ser religioso agostiniano. O mosteiro originara-se de um grupo de padres diocesanos que queria levar vida em comum e adotara a Regra de Santo Agostinho, e por isso eles eram conhecidos como "Regrantes de Santo Agostinho".

Nada sabemos da adolescência e dos estudos no mosteiro. O que se lê em alguns livros é fantasia. Sabemos, sim, que continuou os estudos. E sabemos também que a família e os amigos o visitavam muito. Fernando não se sentia bem com tantas visitas. Por isso, e também por razões de estudo, pediu transferência para o Mosteiro de Santa Cruz, que ficava em Coimbra. Naquele momento, o Mosteiro de Coimbra era conhecido como uma escola de espiritualidade e de estudos bíblicos. Exatamente os dois campos em que se formou Fernando, doutorando-se em Sagrada Escritura. Provavelmente, foi ordenado padre aos 25 anos. Estamos em 1219.

Oração a Santo Antônio

Glorioso Santo Antônio, tantas vezes pregastes sobre o caminho da SABEDORIA, que é um dom do Espírito Santo. Ensinastes que ele passa pelo bom senso, pela humildade e necessariamente pela ponte da fé. Ajudai-me a purificar minha fé, para que eu tenha mais segurança na travessia das muitas dificuldades que me cercam. Enchei meu coração com o bom espírito da humildade, fundamento de todas as virtudes. Que não me falte o bom senso em minhas decisões, sobretudo na firme decisão que tenho de amar e servir ao Senhor Jesus, que me apresentais em vossos braços. Creio que ele é Deus, com o Pai e o Espírito Santo. Amém.

Palavra dos contemporâneos

O nosso Santo pode ter sido, de algum modo prefigurado no venerável patriarca Jacó, a respeito do qual fez este rasgado elogio seu pai Isaac (que bem poderia prefigurar o Pai São Francisco): "A fragrância do meu filho é como o perfume dum pomar carregado de frutos e abençoado pelo Senhor" (Gn 27,27).

Em meu entender, a graça da bênção divina também regou de virtudes este campo e tornou-o fecundo em múltiplos e perfumados frutos de virtudes, de modo a torná-lo excepcional em humildade, brilhante em sabedoria, facundo em eloquência, ardente na caridade, notável na pobreza, distinto na delicadeza, excelso na retidão, delicado no falar, manso na convivência. Numa palavra, em tudo simpático a Deus e aos homens.

Legenda *Benígnitas*, escrita em 1276

Palavra do nosso tempo

Nosso imediato predecessor Pio XI, de feliz memória, em sua Carta Apostólica *Antoniana Sollemnia*, publicada em 1° de março de 1931, por ocasião do sétimo centenário da morte do Santo, celebrou a Divina Sabedoria com que este apóstolo franciscano dedicou-se a restaurar a santidade e a integridade do Evangelho. Apraz-nos também recordar da mencionada carta de nosso predecessor as seguintes palavras: "O taumaturgo de Pádua levou à sociedade de seu proceloso tempo, contaminada por maus costumes, os Esplendores de sua Sabedoria cristã e o suave perfume de suas virtudes.

Papa Pio XII, 16 de janeiro de 1946

Santo Antônio no folclore

Do altar de Santo Antônio
Até ao de São Francisco,
Tudo são cravos e rosas
Postas pela mão de Cristo.
Ó meu padre Santo Antônio,
Que lá estais nessa altura,
Estais todo cheio de cravos
Dos pés à cintura.
Santo Antoninho d'aldeia,
O meu cravo abençoai!
O amor é como o cravo,
Que nasce, perfuma e cai.

Nota: O cravo é símbolo do noivado e do amor. A rosa é símbolo da simpatia e do amor eterno. Evidentemente, as estrofes acima lembram a fama que Santo Antônio tem de protetor e até de provocador do amor dos namorados, ou seja, de santo casamenteiro.

Oração escrita por Santo Antônio

Rogamo-te, Senhor Jesus, que nos ligues com o teu amor e o amor do próximo, a fim de sermos capazes de te amar com todo o coração, isto é, fortemente; com toda a alma, isto é, SABIAMENTE; com todas as forças e com todo o espírito, isto é, docemente. Não permitas que sejamos seduzidos por outros interesses e fiquemos afastados do teu amor. Faze-nos capazes de amar o próximo como a nós mesmos. Auxilia-nos tu, que és bendito pelos séculos dos séculos. Assim Seja!

Sermão para o 13º domingo de Pentecostes

Segundo dia

SANTO ANTÔNIO, MESTRE DE INTELIGÊNCIA

O dom da inteligência faz a criatura humana fugir das coisas terrenas e procurar as coisas celestes.

Santo Antônio escreveu esta frase num dos dois sermões que preparou para a Festa de Pentecostes.

No lugar de "inteligência", poderíamos também escrever "intelecto", ou "entendimento", ou "conhecimento". O dom da inteligência liga-se à capacidade de aprender e apreender as coisas, os fatos, as circunstâncias, tudo aquilo que os cinco sentidos percebem. Porém, não se resume a isso. O dom da inteligência não mede as coisas só pelo que os sentidos apreendem, mas aplica a tudo o metro da fé. Ou seja, relaciona o que os olhos veem, os ouvidos ouvem, a língua saboreia, as narinas cheiram e as mãos tocam com a dimensão para Deus.

Por isso mesmo, Santo Antônio, ao falar do dom da inteligência, relaciona-o à etimologia da palavra, dizendo que "inteligência" vem de "*intus legere*", ou seja, "ler com o coração".

É famosa a frase do filósofo francês Pascal (†1662): "O coração tem razões que a razão desconhece". O coração respeita a inteligência, mas a ultrapassa.

Uma criatura inteligente não significa uma criatura santa. Para ser santa, é preciso que a criatura inteligente relacione as coisas e os fatos que ela conhece ao Deus criador. A pessoa inteligente pode escrever um livro inteiro sobre o sol, sem que no livro entre o dom do Espírito Santo da inteligência. Seu livro pode conter tudo o que a astronomia espera dele. O dom do Espírito Santo estará presente, se, através do estudo do sol, o homem autor inteligente alcançar o Deus que deu nascimento ao sol e lhe marcou um roteiro e uma série de funções.

O dom da inteligência nos faz ver e compreender a presença de Deus em todas as criaturas e em todas as circunstâncias. Não de forma fatalista, que anula a inteligência, mas usando a inteligência que Deus incutiu, com a vontade e os sentimentos, em cada criatura humana normal.

Não se pode pensar o dom da inteligência sem a fé num Deus do qual deriva todo o bem, e sem o qual não existe nada de bom. É pelo dom da inteligência que eu passo da leitura de um texto da Bíblia (coisa que um ateu pode fazer) para a meditação do quanto esse texto me mostra as qualidades de Deus, entre as quais está a humildade de se deixar alcançar, de alguma forma, pela inteligência humana.

São Francisco de Assis rezava uma oração que, na verdade, é um pedido do dom da inteligência: "Grande e magnífico Deus, meu Senhor Jesus Cristo, iluminai o meu espírito e dissipai as trevas da minha alma. Concedei, meu Deus, que eu vos conheça muito para poder agir sempre segundo os vossos ensinamentos e de acordo com a vossa santíssima vontade".

O dom da inteligência atravessa o campo da teologia e de todas as ciências possíveis, entra pelo campo da mística, que é sem limites. Por isso mesmo, santos como Santo Antônio, depois de trabalhar o dia todo, atendendo penitentes, ouvindo lamúrias, consolando angustiados, pregando a multidões, passam horas e horas, à noite, em contemplação, ou seja, exercendo o dom do Espírito Santo da inteligência, que os faz compreender tanto a miserabilidade humana quanto a santidade suma de Deus, e sentem uma felicidade indescritível em "ver" como o Deus altíssimo é capaz de "descer" e assumir a natureza humana e elevá-la "para tornar-se participante da natureza divina" (2Pd 1,4).

De agostiniano a franciscano

No Mosteiro de Coimbra, Fernando tinha como trabalho doméstico o atendimento aos hóspedes. Um dia, lá se hospedaram cinco franciscanos a caminho das missões em Marrocos. Para Fernando e para os monges de Coimbra era uma grande novidade. Até então só se conheciam religiosos que viviam em mosteiros. Agora lá estavam cinco religiosos, com a aprovação do Papa, que não tinham moradia fixa e estavam indo para as missões. Padre Fernando, não conhecia ainda esse tipo de vida. Francisco de Assis fundara os franciscanos havia apenas dez anos.

Os Frades seguiram para Marrocos. Meses depois, o mesmo Padre Fernando recebeu no mesmo mosteiro de Coimbra os restos mortais dos cinco, que haviam sido martirizados. O coração de Fernando estremeceu. Por que não iria ele também a Marrocos como missionário à procura da glória do martírio? Como monge de clausura lhe era impossível.

A essa altura, alguns outros franciscanos tinham chegado a Coimbra e fundado um convento, junto à Capela de Santo Antão dos Olivais, na periferia da cidade. Com eles, Fernando abriu a alma e pediu ingresso na nova Ordem, para ser missionário na África. Obtidas todas as licenças,

Fernando recebeu o hábito e trocou de nome. Quis chamar-se Antônio em homenagem a Santo Antão (em latim, Antão é Antonius).

Feita a profissão, Frei Antônio partiu para ser missionário em Marrocos, em companhia de outro frade. Há um provérbio que diz: "O homem propõe, mas Deus dispõe". E é no momento em que Deus dispõe de modo diferente da nossa proposta que conhecemos a grandeza de uma pessoa, sua humildade, sua maturidade.

Na África, Frei Antônio adoeceu gravemente. As autoridades marroquinas pensaram em peste. Antes que ela se difundisse, o embarcaram num navio e o devolveram a Portugal. Mas o navio enfrentou uma tempestade e foi parar nas costas da Sicília, na Itália. Frei Antônio foi levado, muito doente, a um eremitério, onde viviam dois franciscanos, há pouco chegados à Sicília. Com eles, passou a Quaresma e tratou sua saúde. Não sabemos que doença Frei Antônio contraiu. O fato é que nunca mais teve saúde firme. E morreu muito cedo.

Oração a Santo Antônio

A oração é de Frei Juliano de Spira, poeta e frade, escrita em 1235 e tendo como título "Louvores e preces a Cristo pelos méritos de Santo Antônio". A oração aqui não está inteira:

Bondosíssimo Jesus, princípio e fim de todas as coisas, Tu és digno de louvor. Todas as criaturas do céu, da terra e dos mares te glorificam como Senhor do universo. Tu és a firmíssima pedra do alicerce, sobre a qual Santo Antônio assentou tão solidamente a casa que nem as enchentes nem as tempestades das tentações puderam jamais abalar. Porque a casa estava fundada sobre Ti, Senhor. Tu és a luz rutilante da glória de Santo Antônio. Ele não fixou o olhar de sua inteligência para as coisas terrenas, mas olhou fixamente para ti, para conhecer a tua graça e com ela tecer sua vida. Tu foste a fonte da vida e a inesgotável torrente de suas delícias. É a ti que dirijo minha prece, ó Jesus, luz eterna, que deste maravilhoso esplendor a Santo Antônio, iluminando o mundo com seus milagres. Faze que eu tenha sempre uma consciência reta e possa me alegrar com a prática de boas obras. Concede-me a graça de dominar exteriormente o apetite das coisas sensíveis e interiormente levar à tua presença o óleo da alegria espiritual no vaso puro do meu coração. Que eu tenha dentro de mim a lâmpada acesa do fogo da caridade e fora de mim carregue a lâmpada luminosa da autêntica fama de bondade, que teve Santo Antônio. Concede-me isto pelos méritos de Santo Antônio. Tu que vives e reinas com o Pai e o Espírito Santo. Amém.

Vida Segunda, texto de 1235

Palavra dos contemporâneos

Antônio, eleito para o ofício da pregação por vontade de Deus, procurando executar com zelo a incumbência recebida, percorria as aldeias, as cidades e os castelos, semeando por toda a parte as sementes da palavra da vida e lançando a rede da divina doutrina. Ele era a trombeta da lei de Moisés, o eco dos profetas, a voz dos apóstolos, o arauto do Evangelho e o mensageiro da verdade salvadora. No meio da assembleia abriu a boca, que Deus enchera do espírito de sabedoria e de inteligência. Os letrados admiravam nele a penetrante sutileza de seu conhecimento e o admirável peso do discernimento. Transbordante de doutrina, distribuía a cada um a sua porção com tal equilíbrio de justiça que, quer falasse a grandes, quer a pequenos, a todos atingia igualmente com os dardos da verdade.

Legenda Rigaldina, texto de 1300

Palavra do nosso tempo

Antônio, durante todo o arco de sua existência terrena, foi um *homem evangélico*; e se assim o veneramos, é porque cremos que nele pousou, com especial efusão, o próprio Espírito do Senhor, enriquecendo-o com seus dons admiráveis e impelindo-o "a partir do interior" a empreender uma ação que, mesmo sendo notabilíssima em sua vida, longe de se esgotar com o tempo, continua vigorosa e providencial também para os nossos dias. Em Santo Antônio a santidade alcançou patamares de excepcional altura, impondo-se a todos com a força dos exemplos e levando seu culto à máxima expansão no mundo. Efetivamente, no mundo católico, torna-se difícil encontrar uma cidade ou um povoado onde não haja ao menos um altar ou uma imagem do santo.

Papa João Paulo II, 12/9/1982

Milagre de Santo Antônio

Estava Frei Antônio pregando numa praça, quando um homem doido começou a perturbar o sermão. O pregador várias vezes lhe pediu que se calasse. Mas o louco gritava que queria o cordão de Frei Antônio. Não houve outro jeito: Santo Antônio retirou o cordão que amarrava o hábito e o entregou ao louco. O doido pegou o cordão, beijou-o e começou a enrolá-lo em torno do corpo. A multidão toda viu como o doido se acalmou, recobrou o uso da razão e acompanhou normalmente a pregação. Quando o Santo terminou de pregar, o curado prostrou-se aos pés dele para agradecer, enquanto o povo, embasbacado pelo milagre, punha-se em fila para confessar os pecados.

Oração escrita por Santo Antônio

Senhor Jesus, dissestes que o Pai enviaria o Espírito Santo em vosso nome e que o Espírito Santo ensinaria tudo e traria à memória tudo quanto vós ensinastes. Ele nos ensinará, e nós saberemos. Ele nos lembrará o que vós quereis. O Espírito Santo nos dará o saber e o querer. Que ele nos incuta o conhecimento e a vontade, e assim seremos o templo do próprio Espírito Santo. Pedi, sim, ao Pai que nos envie o Espírito Santo, vós que sois bendito pelos séculos dos séculos. Amém!

Domingo de Pentecostes II

Terceiro dia

SANTO ANTÔNIO, MESTRE DO CONSELHO

Pelo dom do Conselho, o Espírito Santo
não deixa a alma ociosa, mas move-a
na prática de boas obras,
que favoreçam sua salvação
e a salvação dos outros.

O dom do Conselho poderia também ser chamado "discernimento" e tem muito a ver com o "bom senso", uma qualidade natural, sem a qual não é possível a realização da criatura humana.

Santo Antônio orienta o Conselho para a prática das boas obras. O Conselho é muito necessário já antes para o acerto da escolha que se vai fazer. A todo momento na vida estamos diante de escolhas. E somos forçados a tomar uma decisão. Nossos caminhos não estão pré-determinados. O dom do Conselho vem em meu auxílio para bem escolher. São Paulo escrevia aos Tessalonicenses: "Examinai tudo e ficai com o que é bom" (5,21). Saber examinar, saber escolher, saber decidir: isso é o discernimento. O dom do Conselho vem em meu socorro.

O Conselho pode vir através de minha consciência formada e madura, geralmente acompanhada da reflexão. Como cristão, quase diria: reflexão orante. Em nossa vida, Deus nos fala inúmeras vezes através da reta consciência. Pode também nos falar através de outras pessoas experientes. Pode também nos falar através das circunstâncias e dos fatos. No sermão para a festa de Pentecostes, Santo Antônio afirma que "o Espírito Santo fala tantas vezes quantos bons pensamentos tivermos". É normal Deus servir-se de nossos ouvidos, de nossos olhos, de nossa inteligência, de nossa intuição, de nosso bom senso. O Conselho não é parecido com a chuva que cai das nuvens, mas com o orvalho que se forma no solo concreto e sensível de nossa vida. É de Santo Antônio esta frase: "O Espírito Paráclito pode comparar-se ao orvalho. Assim como o orvalho umedece suavemente o solo, o Espírito Santo penetra e refrigera o que chamamos de alma" (Sermão para o 6º domingo da Páscoa).

No sermão para o 20º domingo de Pentecostes, Santo Antônio ensina que precisamos do Conselho para fugir dos falsos atrativos do mundo. Antes de tudo, o Conselho nos ajuda a distinguir entre *o que parece* e *o que é*. Muita coisa parece ser a vontade de Deus, porque gostaríamos que a vontade de Deus coincidisse com a nossa vontade, para poder agir guiados pelo nosso gosto e pelas vantagens esperadas. O dom do Conselho nos ajuda a não nos enganarmos.

As opções que temos, muitas vezes, geram conflitos pessoais. São inevitáveis os conflitos na comunidade, porque cada um de nós tem seu balaio particular de opções que nem sempre coincidem com as opções dos outros. De novo, o dom do Conselho ajuda-nos a valorizar as diferenças, a somar.

Precisamos muito do dom do Conselho, para termos segurança em nossa peregrinação terrena, riqueza de carismas na comunidade e escolha acertada do caminho que nos leva felizes de volta ao Pai.

Deus revela Frei Antônio, missionário e santo

Os Frades da Sicília souberam que São Francisco havia voltado da Terra Santa, depois de dois anos ausente da Itália, e que queria rever os Frades. Por isso os estava convocando para Assis, para juntos celebrarem a Festa de Pentecostes. Passada a Páscoa, os Frades puseram-se a caminho a pé, rumo a Assis, para o encontro com Francisco. Estamos em 1221. E Frei Antônio encontrou-se com Frei Francisco.

Terminada a assembleia, os Ministros provinciais fizeram a redistribuição dos Frades. De Portugal, não puderam chegar os Frades. Por isso mesmo, sobrou Frei Antônio, desconhecido de todos os outros e ainda convalescente. A humildade de Frei Antônio conseguiu esconder seu doutorado em Sagrada Escritura e seus largos conhecimentos de oratória sacra. Acabou sendo levado pelo guardião do eremitério de Monte Paulo. Os franciscanos tinham muitos eremitérios, que eram pequenos conventos, onde os Frades levavam vida de oração intensa, atendiam os agricultores, muitas vezes ajudando-os na capina e na colheita, em troca de pão, óleo e vinho. São Francisco chegou a escrever uma regra de vida para os que fossem viver em eremitério. Começa assim: "Os irmãos que religiosamente quiserem viver em eremitério, não sejam menos de três nem mais de quatro. Dois deles façam o ofício de mães e tratem o outro ou os outros dois como se fossem seus filhos. Os primeiros façam o papel de Marta. Os outros sejam Maria".

O guardião do eremitério deu a Frei Antônio o trabalho da limpeza da casa e o serviço da cozinha. Como a casa era pequena e a cozinha não tinha lá muita coisa para cozinhar, Frei Antônio, apesar da saúde precária, pôde fazer o trabalho pedido e também dedicar-se à oração e à contemplação. Deus não o quisera missionário na África. O que quererá dele agora?

Passados alguns meses, houve na cidade vizinha de Forlí umas ordenações sacerdotais de franciscanos, dominicanos e diocesanos. Todos os Frades foram à festa. Inclusive Frei Antônio, que já era padre. À hora do almoço, o bispo pediu que um deles dissesse algumas palavras de elogio ao sacerdócio. Todos se desculparam, alegando não estarem preparados para assunto tão grande. O guardião mandou, então, Frei Antônio falar. E Frei Antônio obedeceu.

Cito um texto de 1232: "Começou falando com simplicidade, sua língua se soltou, mostrando a mais rara eloquência e o dom de dizer muito em poucas palavras. Os Frades todos, sem exceção, pasmos em extremo, ouviam-no atentamente".

A partir daquele almoço até sua morte, Frei Antônio dedicou-se à pregação. E dizem os contemporâneos que não se sabia o que mais admirar, se sua palavra convincente, se seu exemplo de pregador santo, se sua imensa caridade diante das multidões famintas de Deus e desejosas de uma vida mais digna e livre na sociedade daquele tempo.

Oração a Santo Antônio

Glorioso Santo Antônio, que fizeste em vida um caminho de santidade, em perfeita harmonia com a vontade de Deus, e ensinaste o caminho certo a tanta gente, ilumina meus passos, minha inteligência, minha vontade para que, no meio dos conflitos que me cercam, eu cumpra com alegria a vontade de Deus, mesmo que não a possa sempre compreender. Tu aprendeste de Jesus a docilidade do coração. Apresenta a ele meu pedido. Sê meu intercessor junto daquele que vos deu a graça de ser o consolo e a luz dos que procuram andar pelo caminho da paz e do bem. Por todo o sempre seja bendito o doce nome de Jesus, que é Deus com o Pai e o Espírito Santo. Amém.

Palavra dos contemporâneos

Apoiado na autoridade que recebeu de pregar, Frei Antônio tanto se esforçou por cumprir o ministério da pregação, que bem merece o título de evangelista. Percorria as cidades e os quartéis, as aldeias e as povoações e espalhava com abundância as sementes da vida, tanto à multidão quanto a cada um individualmente. Durante suas andanças, rejeitava o descanso, abrasado pelo zelo das almas. Por inspiração divina, chegou a Rímini. Aqui encontrou muita gente arrastada pela heresia. Convocou imediatamente toda a população da cidade, começou a pregar com fervor. Ele, não usando a argúcia dos filósofos, refutou a heresia de um modo mais brilhante que o sol. Assim, enraizou de tal modo a palavra da virtude e a salutar doutrina nos corações dos ouvintes que, eliminada a impureza do erro, grande multidão de crentes aderiu fielmente ao Senhor.

Assídua, texto de 1232

Palavra do nosso tempo

O caráter evangélico de Santo Antônio expressou-se sobretudo na sagrada pregação. Justamente na pregação, no anúncio sábio e forte da Palavra de Deus, encontramos uma das características mais evidentes de sua personalidade. O trabalho incansável de pregador juntamente com seus escritos lhe mereceram o título de *Doutor do Evangelho*. Sua pregação não era declamação e não se limitava a vagas exortações. Ele queria anunciar realmente o Evangelho, sabendo que as Palavras de Cristo não eram como as outras palavras, mas possuíam uma força capaz de penetrar a alma e o coração dos ouvintes. Durante vários anos havia-se dedicado ao estudo da Sagrada Escritura. Agora, a longa preparação lhe permitia anunciar ao povo a mensagem da salvação com inaudito vigor. Seus sermões, cheios de fogo, agradavam ao povo, que sentia necessidade de ouvi-lo e não conseguia subtrair-se à força espiritual de suas palavras.

Papa João Paulo II, 12/9/1982

Santo Antônio no folclore

Indo eu pra Sant'Antônio,
Encontrei-o no caminho:
Numa mão levava a cruz
E na outra o seu Menino.
Santo Antônio está no céu,
Na glória do mesmo Deus:
Mesmo de lá está rezando
Pelos que são servos seus.
Milagroso Santo Antônio,
Em vós tenho devoção;
E conservo a vossa imagem
Unida a meu coração.

Oração escrita por Santo Antônio

Peçamos humildemente ao Senhor Jesus que nos acolha nas entranhas de sua caridade, nos faça viver com a água da compunção, com o ar da contemplação, com o fogo da caridade, com a terra da humildade, para merecermos chegar a ele, que é vida. Auxilie-nos ele mesmo, que é bendito pelos séculos dos séculos. Assim seja!

22º de Pentecostes

Quarto dia

SANTO ANTÔNIO, MESTRE DE FORTALEZA

Pelo dom da Fortaleza, o Espírito Santo
penetra os corações duros.

A frase é do sermão para a festa de Pentecostes. Na Sagrada Escritura, "coração" é uma palavra muito usada e muito mais abrangente do que em nosso linguajar diário. Além de significar um órgão importante do nosso corpo, chamamos de coração a nascente dos nossos sentimentos bons e maus. Dizemos que Fulano tem o coração bom, e Beltrano, o coração mau. O Papa João Paulo II costumava repetir que do coração humano nascem todas as obras boas, como também todas as obras más, inclusive a guerra e a paz.

Na Sagrada Escritura o significado de coração é bem mais abrangente. Significa a pessoa humana inteira em seu modo de pensar, sentir, agir, amar, decidir, fazer, relacionar-se com Deus, com o próximo e todo o mundo em torno. É a criatura humana com seu caráter, sua inteligência, sua vontade, sua consciência. Quando se diz que devemos amar a Deus com todo o coração, significa que devemos amá-lo com todo o nosso ser. Quando se diz que Deus fala ao coração humano, significa que Deus fala à criatura humana. Quando se fala em conversão do coração, trata-se da pessoa inteira (inteligência, vontade e sentimentos) que deve se voltar para Deus.

Ora, esse coração (a pessoa) pode ser religioso, paciente, humilde, manso, generoso, obediente, puro, pacífico, agradecido. Mas pode também ser egoísta, orgulhoso, prepotente, ganancioso, interesseiro, empedernido – todas qualidades más que impedem a criatura humana de relacionar-se com Deus e compreender e amar as "coisas do alto" (Cl 3,1). Este é o coração duro. É o coração que precisa que o dom da Fortaleza, da "força do alto" (Lc 24,49), penetre-o como a gota que cava a rocha, transforme-o, de coração de pedra, em coração de carne: "Arrancarei o coração de pedra e lhes darei um coração de carne, de modo que andem segundo minha lei e pratiquem meus preceitos" (Ez 11,19-20).

No sermão para a festa de São Felipe e S. Tiago, Santo Antônio diz que o que mais endurece o coração é a avareza. Coração duro é coração fraco. Não é coração de granito, sobre o qual se possa construir, mas de barro cozido, que se desfaz na primeira dificuldade.

Se por "coração" entendemos nossa pessoa inteira, precisamos do dom da Fortaleza, porque dificilmente passamos um dia sem dificuldades, sem angústias. E isso tanto no nosso relacionamento com o próximo quanto com Deus. Sem esquecer a dimensão para dentro de nós mesmos. Os conflitos são parte da vida humana. A isso se acrescentem as tentações, as dúvidas, o cansaço, a rotina, o desânimo. Todo crescimento tem suas dores. E precisamos crescer para Deus e para o próximo e maturar nossa personalidade. Então o dom da Fortaleza pode chamar-se coragem, perseverança, destemor, firmeza, fidelidade, para que o coração não endureça e vire beira de caminho, pedra, onde as sementes de Deus não podem germinar, crescer e frutificar. No sermão do 6º domingo de Pentecostes, garante Santo Antônio: "Se prestares honra a Deus, o Senhor será a tua fortaleza".

Praticava o que ensinava

No tempo de São Francisco e Santo Antônio, os sermões ainda eram feitos em latim. Os Frades começaram a pregar na língua do povo. Logo no início da Ordem Franciscana, Francisco reuniu os Frades e lhes disse, antes de mandá-los dois a dois pelas estradas do mundo: "Consideremos, irmãos caríssimos, a nossa vocação, para a qual Deus nos chamou com misericórdia, não só para a nossa salvação, mas também para a salvação de muitos, a fim de que andemos pelo mundo, exortando a todos, mais com o exemplo que com a palavra, a fazer penitência de seus pecados e guardar na memória os mandamentos de Deus. Não tenhais medo por parecermos poucos e ignorantes, mas com firmeza e simplicidade anunciai a penitência, confiando no Senhor, que venceu o mundo, porque seu Espírito falará por meio de vós e em vós para exortar a todos que se convertam a Ele e observem seus mandamentos" (*Três Companheiros*, 10).

É a descrição perfeita da pregação de Santo Antônio. Era, antes de tudo, o modelo das virtudes cristãs, sobretudo da humildade, da oração contínua, do serviço gratuito, da convivência harmoniosa. No sermão do 3º domingo de Pentecostes, advertiu Santo Antônio: "O pregador deve saber primeiro o que, a quem e quando prega e depois deve perguntar-se se vive segundo aquilo que prega". E no sermão do 4º domingo de Pentecostes, lembra a humildade que o pregador deve ter: "O pregador deve sentar-se na cadeira da humildade, instruído pelo exemplo de Jesus Cristo, que humilhou a glória da divindade na cadeira da nossa humanidade". No sermão para a oitava da Páscoa, ensina Santo Antônio: "Em primeiro lugar o pregador deve dedicar-se à oração. Só em segundo lugar vem a reflexão do espírito".

Está nisto um dos segredos do imenso sucesso de Santo Antônio na pregação: primeiro vivia o que ia pregar, depois pregava como um exemplo vivo do que ensinava. Era a recomendação de São Francisco: exortar mais com o exemplo do que com palavras. Santo Antônio conhecia bem o dito dos velhos mestres: "As palavras voam, os exemplos ficam". No sermão do 3º domingo da Quaresma, citando São Bernardo, escreve Santo Antônio: "Não basta ao pregador pregar a Deus frutuosamente. É preciso que o som de sua língua seja precedido pelo testemunho de suas obras".

É famosa a frase que ele escreveu no sermão para o dia de Pentecostes: "Cessem, por favor, as palavras; falem as obras. Estamos cheios de palavras, mas vazios de obras e, por isso, somos amaldiçoados pelo Senhor como a figueira, cheia de folhas e sem frutos".

Apesar de enfermiço, Frei Antônio tinha voz possante, a ponto de encher uma praça e ser ouvido nitidamente por mais de 30 mil pessoas. A análise de seus ossos, feita no início de 1981, confirma que era de estatura alta e corpulento, de ao menos 1,70m de altura. Nenhuma das biografias escritas logo depois de sua morte fala de sotaque português, pregando ele na incipiente língua italiana.

Oração a Santo Antônio

Glorioso Santo Antônio, fostes vigoroso na fé, porque vivestes fundamentado na Palavra de Deus. Enfrentastes, com ternura e vigor, com vossa pregação inspirada e vosso amor de bom pastor, os transviados do bom caminho e trouxestes de volta ao aprisco muitas ovelhas perdidas. Alcançai-me de Deus a firmeza e a perseverança na fé em todas as circunstâncias da vida, para que eu possa servir e amar o Senhor de todo o coração e nele depositar toda a minha esperança. A Ele glória, louvor e bênção para sempre. Amém.

Palavra dos contemporâneos

Ao ouvir falar o nome de Antônio, o povo acorria de toda parte, em número extraordinário, para o escutar. Era como um campo ressequido, ávido de chuva. Não dispondo as igrejas de espaço suficiente para acolher todo aquele pessoal, acrescido ainda com muita gente vinda de fora, começou o Santo a fazer as pregações em descampados. Com efeito, também as cidades, os burgos e aldeias das redondezas de Pádua acorriam multidões imensas de gente de todas as idades e condições e de ambos os sexos, todos devotamente ansiosos pela palavra de vida, e fielmente decididos a entregar nas mãos do Santo sua própria salvação. Muitos levantavam bem de madrugada e de lanternas acesas acorriam apressados ao lugar onde ele faria a pregação.

Diálogo, texto de 1245

Palavra do nosso tempo

O homem de hoje se encontra só no mundo e está convencido de que tudo funciona também sem Deus. Ora, do século XIII nos chega a voz de Santo Antônio, que continua a anunciar a presença de Deus e de Jesus Cristo no centro da vida humana. Ele fez uma experiência dessa presença tão profunda que o marcou para sempre. Também as criaturas de hoje têm necessidade de fazer uma genuína experiência pessoal de Deus. Continua-se a repetir a frase de Karl Rahner que o cristão do futuro ou será um místico ou não será cristão. Nesse sentido, Antônio é mais atual que nunca.

Fr. Luciano Bertazzo, texto de 2002

Milagre de Santo Antônio

Este milagre faz parte dos que foram contados, sob juramento ao Bispo e com várias testemunhas que o presenciaram. Certo homem dos arredores de Pádua procurou um bruxo, que invocava os espíritos, e, diziam, eles apareciam. Preparado o ambiente, o bruxo invocou os diabos, e eles apareceram com grande alarido. O homem ficou pasmo e já não tinha mais nada a perguntar nem a dizer. Os demônios avançaram sobre ele e lhe arrancaram a língua e os olhos. Diz a crônica que, quando ele abria a boca, nem toquinho da língua se via, e, no lugar dos olhos, havia dois buracos. O fato tornou-se público e notório. Arrependido de ter procurado os demônios, pelo pouco caso que fazia dos ensinamentos religiosos, recorreu a Santo Antônio. Passava o dia, cego e mudo, na igreja, rezando perto do túmulo do Santo. Um dia, logo depois da Elevação, enquanto os Frades cantavam o *Benedictus*, sentiu que lhe voltavam os olhos. O que de fato aconteceu. O povo o rodeou numeroso e começou a pedir ao Santo completar o milagre, dando-lhe também a língua. E a língua veio, quando os Frades cantavam o "dai-nos a paz", do Cordeiro de Deus. Ninguém viu como, mas todos viram a língua de novo no seu lugar.

Oração escrita por Santo Antônio

Rezemos, irmãos caríssimos, e peçamos humildemente à misericórdia de Jesus Cristo que venha pôr-se no meio de nós, nos conceda a paz, nos absolva dos pecados, tire de nosso coração toda a dúvida e imprima em nossos corações a fé em sua paixão e ressurreição, a fim de com os Apóstolos e os fiéis da Igreja merecermos receber a vida eterna. Auxilie-nos aquele que é bendito, louvável e glorioso pelos séculos. Diga a alma fiel: Assim seja!

Oitava da Páscoa

Quinto dia

SANTO ANTÔNIO, MESTRE DE CIÊNCIA

Pelo dom da Ciência o Espírito Santo
ilumina as coisas escuras.

Para Santo Antônio, escuras são as coisas sobre as quais não se vê a luz de Deus. Escuras são as coisas que não são como um espelho de Deus, que não refletem a grandeza e a bondade do Criador.

O dom da Ciência, como o dom da Sabedoria, não tem muito a ver com o estudo acadêmico. O iletrado pode ter o dom da Ciência como o letrado, o cientista, o técnico. O dom da Ciência consiste em ver, admirar e contemplar nas coisas criadas o Criador.

Grande modelo pode ser também São Francisco (†1226), com o *Cântico das Criaturas*. Nem todos veem no sol luzente "a imagem do Deus Altíssimo", ou, nas estrelas, a mão divina e "no céu as formas claras e preciosas e belas". Em cada objeto, escreve São Boaventura, Francisco descobria o Criador. De todas as coisas, fazia uma escada para subir até Deus. Esta sintonia com todas as criaturas, animadas e inanimadas, formando como que uma grande orquestra de louvor e amor ao Criador, Francisco a passava por palavras e exemplo aos Frades.

Também para Santo Antônio todas as criaturas são vestígios, marcas de Deus. A criação é como um livro aberto, em que posso ler as maravilhas de Deus e até admirar as obras saídas de suas mãos, como posso admirar uma foto colorida e muito bem focada num livro. Santo Antônio ensina que toda a natureza é um reflexo da beleza de Deus. No Sermão para o 2º domingo do Advento, escreve: "Vós não olhais para a obra do Senhor nem considerais as obras de suas mãos. A obra do Senhor é a criação que, bem considerada, nos leva à consideração do seu Criador". Esta consideração, que também pode ser chamada contemplação, é o dom da Ciência. Santo Antônio termina seu pensamento com uma pergunta: "Se tanta beleza há na criatura, quanta existe no Criador?" E conclui: "Mas tem gente que não vê isto, seus sentidos não lhe são suficientes. Porque não possuem o dom da Ciência".

No Sermão para a festa da Ascensão, discorrendo sobre o mandato de Jesus, "Ide por todo o mundo e pregai o Evangelho a toda criatura" (Mc 16,15), escreve Santo Antônio: "A toda criatura, ou seja: a todo o gênero humano que tem algo em comum a todas as criaturas, aos anjos, aos animais, às árvores, às pedras, ao fogo e à água, ao frio e ao quente, ao úmido e ao seco, porque o homem se chama microcosmo, isto é, um mundo em miniatura". Como se Cristo dissesse aos discípulos que todas as coisas criadas, das mínimas às maiores, participam da redenção. Ver todos os seres ligados ao "Primogênito de todas as criaturas, porque nele foram criadas todas as coisas" (Cl 1,15), é ter o dom da Ciência.

O dom da Ciência leva-nos a ver a mão de Deus também na história e nas circunstâncias que nos cercam. A Sabedoria de Deus, ao criar o mundo, criou-lhes também as regras de crescimento e de multiplicação. Ele não precisa estar atrás de cada folha que cai ou de cada flor que é fecundada. Mas a fecundação e a queda da folha acontecem dentro das normas estabelecidas por ele e ao alcance da ciência humana.

Nos Sermões de Santo Antônio estão presentes, em abundância, plantas e animais, pedras e astros. Alguém contou 194 diferentes espécies de animais e plantas citadas pelo Santo, quase sempre em comparação a uma virtude sobre a qual está pregando. Às vezes dá a impressão que o Santo é especialista em zoologia, botânica, mineralogia. Antônio era, certamente, um homem culto e bem acima da média dos homens e dos religiosos cultos de seu tempo. Conhecia os diferentes campos do saber humano. Mas a ele não interessava o sentido científico, mas um possível símbolo para aclarar o texto da Sagrada Escritura que estava explicando.

Frei Antônio, professor de Teologia

A fama de Frei Antônio correu por toda parte. Fama de excelente pregador. Fama de bom teólogo. Fama de profundo conhecedor da Sagrada Escritura. Fama de santo. Na Festa de Pentecostes de 1223, Frei Antônio voltou a encontrar-se com São Francisco, em Assis. Em fins de 1223, Frei Antônio recebeu de São Francisco uma cartinha nestes termos: "Eu, Frei Francisco, envio a Frei Antônio minha saudação. Gostaria que lecionasse aos irmãos a Sagrada Teologia, contanto que nesse estudo não se extinga o espírito da santa oração e da devoção, conforme está escrito na Regra. Passe bem!"

E Frei Antônio virou professor, num conventinho de Bolonha, dos Frades jovens e menos jovens que entravam na Ordem sem maiores estudos. Foram numerosos os cursos que Frei Antônio deu no norte da Itália e sul da França. Para seus alunos, Frei Antônio começou a escrever os esquemas dos sermões dominicais e festivos. Deixou por escrito esquemas de 77 sermões que, na verdade, chegam a 250, porque para alguns dias ele elaborou mais de um esquema. Passam de 6 mil as citações que faz da Sagrada Escritura, o que daria uma média de 80 citações por sermão. Santo Antônio cita muito o Antigo Testamento, porque as seitas heréticas de seu tempo não davam valor ao Antigo Testamento, chamando-o até de Testamento do Diabo. Não são os sermões que ele pregava ao povo, em linguagem mais simples, da qual dizem os contemporâneos que "era cheia de beleza e com sal condimentada, entendida por todos".

Oração a Santo Antônio

Glorioso Santo Antônio, que nos ensinastes a ver em todas as criaturas sinais da bondade do Criador, quero, antes de tudo, agradecer convosco o nascimento do Primogênito de todas as criaturas, para quem todas as coisas foram feitas. Agradecer o caminho que Deus escolheu para seu Filho bendito vir ao mundo: o seio imaculado de Maria, sempre Virgem. Agradecer o mundo que me cerca, tão grande e tão bonito, protegido por um céu estrelado e banhado por imensos oceanos. Agradecer que posso contemplar em todas as coisas criadas o amor do Criador. Agradecer que tenho em vós, Santo do mundo inteiro, um protetor milagroso e um mestre com quem aprendi a rezar: Obrigado, Senhor, porque me criastes. Amém.

Palavra dos contemporâneos

Não haja dúvida de que a vocação de pregador se deve à iniciativa divina, como está provado tanto na vida quanto na morte do Santo. Enquanto peregrinou por este vale de lágrimas, resplandeceu em virtude e saber. Quanto à virtude, mostram-no o espontâneo desprezo de si próprio, a singela inocência e o rigor da disciplina. Quanto ao seu saber, garantem-no a doutrina, o zelo e a caridade, a verdade e a modéstia. A verdade era nele tão resplandecente que não havia olhos que a não vissem; virtude certamente superior aos milagres. O nosso Santo, admiravelmente versado na sagrada doutrina, dirigia-se a qualquer um com tal precisão que, quer falasse aos grandes, quer aos pequenos, alcançava igualmente a cada um com o dardo da verdade. Sua oratória, porém, fossem quais fossem as circunstâncias, era sempre temperada com o humor e a delicadeza; era, ao mesmo tempo, gentil e severo.

Vida Segunda, texto de 1235

Palavra do nosso tempo

Santo Antônio não foi um metafísico nem um lógico, nem um homem de ciência, nem um jurista, nem um teólogo sistemático, nem um político, nem mesmo um importante homem de igreja. Apesar disso, pode-se afirmar com certeza que Santo Antônio é uma das personalidades mais completas que o cristianismo conheceu. Ele soube harmonizar, na sua experiência existencial, ciência e fé, saber e prática, pensamento e vida. Com efeito, conhecendo a cultura de seu tempo, soube pôr seu saber a serviço do povo. Como homem totalmente aberto ao Evangelho e em diálogo com a sociedade de seu tempo, tornou-se o "santo do mundo inteiro" (Leão XIII), o santo dos milagres, o santo mais popular que a igreja canonizou e pôs entre seus Doutores. A própria iconografia artística e popular lhe reservou uma atenção especial: ele ocupa um lugar privilegiado na obra de numerosos artistas.

Fr. José Merino,
texto de novembro de 1995

Santo Antônio no folclore

Estava o senhor Santo Antônio
Um sermão a decorar,
Quando o Menino Jesus
No livro lhe foi pousar,
Tão bonito e tão alegre
Que era mesmo de pasmar.
– Menino, olhe que amanhã
Tenho muito que pregar;
Andam as almas perdidas,
Anda o demônio a tentar,
Para vencer o demônio
Tenho muito que estudar.
– Antônio, tanta leitura
Vai os teus olhos cansar,
Nunca levantas a cabeça,
Nunca vais apanhar ar;
Leva-me em cima do livro,
Vamos os dois passear.
– Mas, meu Menino, amanhã
Tenho muito que pregar,
Se não me ouvirem homens,
Ouçam-me os peixes do mar;
As almas perdem-se todas
E eu todas lhe quero dar.
– Antônio, as almas perdidas,
Sempre as havemos de achar;

O dia está tão bonito,
Estão os cravos a cheirar;
Se me não levas ao colo
Co'os teus papéis vou brincar!

Afonso Lopes Vieira

Oração escrita por Santo Antônio

Damo-te graças, Pai santo, pela primavera que chegou em pleno inverno. A terra veste-se de ervas, matiza-se de diversas cores, as aves trinam e tudo parece rir. Obrigado, Pai santo, porque no meio do inverno, no meio do frio, deste-nos o tempo primaveril com o nascimento de teu Filho. No Natal, que se celebra no meio do inverno e no meio do frio, nos criaste, cheio de toda a amenidade, o tempo primaveril. Hoje a Virgem, terra bendita, que o Senhor abençoou, deu à luz, como alimento aos pecadores, a erva verde, isto é, o Filho de Deus. Hoje o mundo matiza-se de flores, rosas e lírios do vale. Hoje cantam os anjos. Hoje restitui-se à terra a tranquilidade e a paz. Hoje tudo é riso, tudo é alegria. Hoje a Virgem Santa Maria nos deu teu Filho, que é bendito para sempre. Amém.

Anunciação

Sexto dia

SANTO ANTÔNIO, MESTRE DE PIEDADE

Pelo dom da Piedade o Espírito Santo
reúne as coisas divididas
e os corações hostis.

Piedade aqui não é sinônimo de pena, dó, compaixão. Também não é apenas recitação de orações ou cumprimento de deveres religiosos. Tanto na Sagrada Escritura quanto na pregação de Santo Antônio, a piedade tem duas dimensões. Uma, para Deus, que se poderia chamar de amor filial, que se expressa de mil modos diferentes. Outra, para o próximo, que se poderia chamar de amor fraterno, que se expressa sobretudo pela prática da justiça e da solidariedade.

A piedade pode ser expressa por orações. Mas ela requer, sobretudo, atitudes e atos. Tanto na dimensão para Deus quanto na dimensão para o próximo. A decisão de Deus de nos enviar seu Filho para nos salvar foi um ato de piedade paternal. A decisão de Jesus de deixar-se ficar no Sacramento da Eucaristia foi um ato de piedade fraterna. A minha decisão de cumprir o mandamento de amar a Deus em primeiro lugar é um ato de piedade filial. A minha decisão de perdoar alguém que me ofendeu é um ato de piedade fraterna. Nesses atos está presente o dom da Piedade, capaz de consertar uma amizade quebrada, capaz de aproximar dois corações que se odeiam, capaz de me reconciliar com Deus, contra quem tenho pecado.

A piedade envolve os sentimentos de afeição, de bondade, de fidelidade. Pode até ser sinônimo de misericórdia, ou seja, de ter o coração aberto para as necessidades dos outros. A maior das necessidades que o outro pode ter é a necessidade de ser amado. A piedade, portanto, tem tudo a ver com o amor.

No sermão do 4º domingo de Pentecostes, Santo Antônio escreve: "A tua piedade para com o próximo deve ser tripla: se pecou contra ti, perdoa-lhe; se se afastou do caminho da verdade, instrui-o; se tem fome, dá-lhe de comer". Este ensinamento do Santo diz bem o que é o dom da Piedade: quando perdoamos, refazemos o coração, às vezes em cacos; quando ensinamos, iluminamos o coração, às vezes hostil, porque em trevas; quando damos de comer, criamos generosidade e laços de solidariedade fraterna.

Transcrevo um longo trecho do sermão do 13º domingo de Pentecostes. Ele fala do amor a Deus. Exatamente do amor que é a verdadeira piedade.

Amarás o Senhor teu Deus com todo o teu coração. Diz teu e por isso mais se deve amar, pois nós amamos mais o nosso do que o alheio. Ele é digno de ser amado por ti. Com ser o Senhor teu Deus, tornou-se teu servidor, para que te fizesses dele e te não envergonhasses de o servir. Durante trinta e três anos, o teu Deus se tornou teu escravo por causa dos teus pecados, para te libertar da escravidão do diabo. *Amarás, portanto, o Senhor teu Deus*, que te criou; tornou-se criatura por causa de ti; deu-se todo a ti, para que te desses todo a ele. No princípio, antes de existires, deu-te a ti; no segundo momento, sendo tu mau, deu-se a ti para que fosses bom, e quando se te deu, restituiu-te a ti. Dado, portanto, e restituído, deves-te duas vezes e deves-te todo. Amarás, portanto, o Senhor teu Deus de todo o teu coração. Aquele que disse "todo" não te deixou parte de ti, mas mandou que te oferecesses "todo" a ele. De fato, ele te comprou todo, a fim de só ele todo te possuir. Não queiras guardar para ti uma parte de ti. Ama, pois, totalmente, não em parte, porque Deus não tem partes, mas está todo em toda a parte. Por isso, não quer partilha no teu ser, ele que é todo no seu Ser. Se reservas para ti uma parte de ti, és teu, não seu. Queres possuir tudo? Dá-lhe o que és e ele te dará o que é; e assim nada terás de ti, porque possuirás o todo dele juntamente com o todo de ti.

O assunto dos sermões de Santo Antônio

Na sua pregação e nos esquemas de seus Sermões, Santo Antônio pregava as verdades da fé, com acento forte sobre algumas: o mistério da Santíssima Trindade, o mistério da Encarnação de Jesus, de sua Paixão, Morte e Ressurreição, as boas obras, a reconciliação, a misericórdia divina, a presença real de Jesus na Eucaristia, a maternidade divina de Maria, sua gloriosa assunção aos céus, as virtudes teologais (fé, esperança e caridade), as virtudes cardeais (prudência, justiça, fortaleza e temperança), os novíssimos (morte, juízo final, inferno, paraíso).

Mas há temas também negativos, sobretudo os vícios capitais (soberba, avareza, luxúria, ira, gula, inveja, preguiça). Desses, talvez o vício que ele mais ataca é a avareza ligada à cobiça. Há dois temas que perpassam todos os seus sermões: a humildade e o desapego (ou pobreza). Frei Antônio teve também que enfrentar algumas heresias, muito difundidas no norte da Itália e sul da França. Uma delas era a dos Valdenses, que ensinavam que eram inválidos os sacramentos ministrados por sacerdotes indignos; que todos têm o poder de perdoar pecados, e por isso o sacerdócio é inútil; que Cristo está apenas simbolicamente presente na Eucaristia.

Havia também os cátaros (palavra que significa "puros"), que ensinavam que o mundo foi criado pelo demônio, e por isso toda matéria é má; que, se a matéria é má, Cristo não podia ter-se encarnado na matéria, por isso ele era um anjo; que Cristo não pode estar presente na hóstia, porque o pão é matéria; que o mal se propagava pelo ato conjugal, por isso pregavam a abstinência sexual; que não existe o inferno; que todos se purificam através de sucessivas reencarnações.

Transcrevo uma frase de Santo Antônio sobre a presença real de Jesus na Eucaristia: "Deve-se firmemente crer e de coração confessar que aquele corpo que nasceu da Virgem, pendeu da Cruz, esteve no sepulcro, ressuscitou ao terceiro dia, subiu ao céu à direita do Pai, é o mesmo que ele deu aos Apóstolos na Última Ceia e a Igreja confecciona todos os dias no altar e distribui aos fiéis" (*Sermão para a Ceia do Senhor*).

Oração a Santo Antônio

Glorioso Santo Antônio, modelo da verdadeira piedade, tivestes com Jesus tanta intimidade que ele se tornou inseparável de vós, permanecendo sempre convosco na suavidade de vossos braços. Experimentastes o que um dia dissestes ao povo, comentando o Menino Deus: "Jesus é nome doce, nome deleitável, nome que reconforta. Jesus é nome que dá júbilo ao coração, melodia ao ouvido, mel à boca". Peço-vos esse espírito de piedade. Ensinai-me como consegui-lo e como fazê-lo crescer na minha vida. Ensinai-me o caminho da intimidade com Jesus. Eu sei que é um caminho feito de humildade, simplicidade, desapego e muito amor. Sei que para isso devo empenhar minha inteligência, minha vontade, meus sentimentos. Sei que devo cortar o meu egoísmo. Por isso recorro a vós, Santo da humildade e do desapego, Santo da caridade sem limites. Depositai vosso Menino no meu coração para que seja manso e humilde como o dele. Que eu possa dizer convosco: "Bom Jesus, tomai-me como propriedade vossa, que sois bendito para sempre. Amém".

Palavra dos contemporâneos

A preocupação dominante do servo de Deus Frei Antônio foi sempre esta: combater incansavelmente, até arrancar pela raiz e extirpar por completo as ervas daninhas dos hereges e suas falsas doutrinas. Com astúcia de raposa eles destruíam a vinha do Senhor do universo. Também se defrontou em debates públicos com alguns corifeus de heresias em diferentes cidades e a todos reduziu ao silêncio, refutando-lhes os erros perante numerosa assistência. Escudava-se para isso em eficazes argumentos bíblicos, além de se apoiar em raciocínios lúcidos e sólidos. Verificava-se a seu respeito, com absoluta propriedade, aquela palavra de promessa dirigida pelo Senhor aos discípulos: *Eu vos darei palavras e sabedoria a que nenhum adversário poderá resistir nem será capaz de contradizer.*

Benígnitas, texto de 1280

Palavra do nosso tempo

Como pregador, Antônio atingiu o coração de seus ouvintes para levá-los ao Evangelho. Anunciou, sem reducionismos, a necessidade urgente de mudar os valores e o comportamento de seus contemporâneos. Os milagres, a ele atribuídos em grande número, não têm outra finalidade que não seja a de confirmar sua pregação para reafirmar os valores centrais do Evangelho, que se resumem no amor a Deus e ao próximo. Seus sermões aproximam os ouvintes da mensagem salvífica, usando a interpretação alegórico-moralizante própria da cultura de sua época. Na cultura, o Santo encontrou uma linguagem familiar e compreensível que fez dele um homem universal. Antônio não é simplesmente o Santo de Pádua ou de Lisboa. Mas, tendo ultrapassado todas as fronteiras, pode, com boa razão, ser apresentado como modelo de uma autêntica inculturação da fé.

> Cardeal Paul Paupard, Presidente do
> Pontifício Conselho para a Cultura,
> texto de novembro de 1995

Milagre de Santo Antônio

Uma menina de quatro anos, chamada Paduana, era paralítica das pernas e só conseguia movimentar-se rastejando, como cobra. Além disso, sofria de epilepsia e, frequentemente, se contorcia e espumava. Todos a conheciam e tinham pena dela. Sucedeu, certa ocasião, que seu pai, chamado Pedro, levava-a ao colo, quando, por acaso, encontrou-se com Frei Antônio, que regressava de uma pregação.

Pedro aproximou-se do Santo com muita devoção e pediu uma bênção para a menina. Frei Antônio, compadecido, traçou sobre ela uma cruz, desde a cabeça até os pés. Ela ficou imediatamente livre da doença e voltou para casa, caminhando com o pai.

Oração escrita por Santo Antônio

Tem compaixão de nós, Senhor, perdoa os nossos pecados, porque somos teus ossos e tua carne. Por nossa causa te fizeste homem, a fim de nos remires. De fato, pelo que padeceste aprendeste a ser compassivo. Não podemos dizer a um anjo: aqui estamos, somos teus ossos e tua carne. A ti, porém, ó Deus, ó Filho de Deus, que te revestiste não de forma angelical, mas da forma da descendência de Abraão, verdadeiramente podemos dizer: Aqui estamos, somos tua carne e teus ossos. Tem, portanto, compaixão de teus ossos e de tua carne. És nosso irmão e nossa carne e, por isso, estás obrigado a ter piedade e compadecer-te de nossas misérias. Tu e nós temos um só Pai; mas tu o tens por natureza; nós o temos por graça. Tu, que és poderoso na casa paterna, não nos prives da herança santa, porque somos teus ossos e tua carne. A ti nosso louvor pelos séculos sem fim. Amém.

3º domingo de Pentecostes

Sétimo dia

SANTO ANTÔNIO, MESTRE NO TEMOR DE DEUS

Pelo dom do Temor o Espírito Santo
abaixa as coisas altas e soberbas.

Para Santo Antônio, o amor e o temor andam juntos. No sermão para o 1º domingo da Quaresma, escreve: "O homem justo possui duas asas: o amor e o temor de Deus". Ou seja: o amor e o temor agem juntos, se precisam. O pássaro não voa com uma asa só. Nós precisamos do amor e do temor para levantar o voo da santidade e, até mesmo, para viver o que se chama "felicidade".

Para Santo Antônio, o amor e o temor são como que os operários que cedinho são mandados à vinha trabalhar, como escreveu no sermão para a Septuagésima. Os dois, sempre juntos, educam-nos à verdadeira liberdade dos filhos de Deus, como o diz com ênfase amorosa no sermão do 15º domingo de Pentecostes: "Não é o temor que faz o servo nem é o amor que faz o livre, mas é o temor que faz o livre, e amor é que faz o servo. Diz o Salmo: *Sou teu servo, filho de tua serva*. Repare-se nas palavras *servo* e *filho*; porque é servo, é filho. Ó suave temor, que dum servo fazes um filho! Ó benigno e verdadeiro amor, que dum filho fazes um servo".

A palavra temor pode ter vários significados. Como sinônimo de "medo", não entra no dom do Espírito Santo. Porque o medo é negativo. Jesus nos preveniu contra o perigo do medo (cf. Mt 10,25.28; Mc 6,50; Lc 12,32). O medo de perder o emprego, o medo de assalto, o medo de uma catástrofe são medos que nos enfraquecem, nos tolhem, nos diminuem. A mesma coisa acontece com o medo de um Deus vingativo, castigador, que atira raios mortíferos contra os pecadores. Esse temor é estúpido, chega a ser doentio, e nada tem a ver com o dom do Temor de Deus.

Há ainda outro tipo de temor, que nada tem a ver com o dom do Espírito Santo: o temor de quem atua coagido pela lei; cumpre a lei por medo de castigo. Encontra-se nesse grupo quem vai à Missa dominical por medo do pecado, que o leva para o inferno.

O temor, dom do Espírito Santo, é muito parecido com o dom da piedade filial, que reconhece com alegria em Deus seu criador e pai, a quem deve normalmente respeito e estima. Por isso mesmo o dom do temor é sempre uma atitude: estou diante de Deus, que me criou por amor, me deu amorosamente normas para me ajudar a não perdê-lo de vista, a viver em sua presença, sob sua luz e proteção. Eu tenho obrigações evidentes com Deus. Não de igual para igual. Não de méritos acumulados. Mas de criatura diante de seu Criador, que não quer distanciar-se dele e por isso faz todo o possível para não pecar, e, se acontecer de pecar, aproxima-se dele e, lhe pede perdão.

O Temor de Deus, dom do Espírito Santo, tem muito a ver com a humildade. Santo Antônio dizia que a humildade é a guarda de todas as virtudes (*17º de Pentecostes*). Em outro sermão, lembra-nos que é a humildade que nos coloca em nosso lugar certo, de criaturas necessitadas diante do Criador e doador de todos os bens.

A esta altura, podemos compreender o ensinamento do sábio Sirácida: "O temor do Senhor é um dom que vem de Deus e que encontramos nas veredas do amor. Os que temem o Senhor não desobedecerão suas palavras, mas procurarão agradar-lhe em tudo" (Eclo 1,12 e 2,13). Por isso Santo Antônio podia dizer com segurança no sermão do 23º domingo de Pentecostes: "Onde há temor, há intimidade com Deus".

Santo Antônio prega no sul da França

Pelos fins de 1224 encontramos Frei Antônio no sul da França. São várias as cidades que guardam a memória de suas pregações: Montpelier, Tolosa, Puy, Bourges, Arles, Limoges. Documentos das prefeituras locais, além de documentos diocesanos, não deixam dúvidas. É que a heresia crescia com muita força naquela região.

No sul da França os hereges, parecidos com os do norte da Itália, eram chamados de "Albigenses", porque sua sede ficava na cidade de Albi. Frei Antônio foi ao sul da França com duas finalidades: pregar ao povo e organizar escola para o clero, sobretudo para os jovens Frades que se destinavam à pregação. Ele ministrou esse curso primeiro em Montpelier, depois em Tolosa e em Arles. Convém lembrar que ele aprendeu com facilidade a língua da região, chamada '*língua d'oc*', como aprendera com muita facilidade a língua italiana, a ponto de ninguém dizer que ele tinha sotaque estrangeiro.

As pregações de Santo Antônio eram acompanhadas de muitos milagres. São dezenas que se contam desse tempo. Desde alguns anedóticos até outros que transtornavam a cidade inteira. Entre os anedóticos, conto o dos sapos que coaxavam tão forte num brejo ao lado do conventinho, que ele não podia dar as aulas. Os alunos prestavam mais atenção à orquestra dos sapos que às palavras do professor. Frei Antônio teria ido à janela e ordenado aos sapos que parassem a coaxação. Fez-se silêncio imediatamente. Mas, terminado o curso, o Santo teria esquecido de retirar a ordem e até hoje, naquele brejo, os sapos não coaxam.

Entre os milagres que mexeram com a cidade inteira está o da mula (que alguns autores localizam no norte da Itália), mas uma biografia escrita em 1280 diz ter acontecido em Tolosa. Antônio pregava em praça pública sobre a presença real de Jesus na Eucaristia. Um herege tentava contrariar a pregação do santo. Recebendo respostas convincentes de Frei Antônio, apelou o herege para a provocação. E disse ao povo: "Durante três dias vou manter presa minha mula sem comer nem beber. Vou trazê-la então aqui para a praça, diante de todos. Frei Antônio, trará uma hóstia, que ele diz ser consagrada, no momento em que eu vou dar feno para o animal. Se a mula parar de comer e fizer uma reverência à hóstia, passo a acreditar nas palavras de Frei Antônio". Antônio aceitou o desafio. Encurtando tudo, três dias depois a praça estava lotada. Veio o homem da mula, veio o feno. Quando a mula começou a comer, chegou Frei Antônio paramentado e com a hóstia consagrada e disse à mula: "Pelo poder e em nome de teu Criador, a quem eu tenho verdadeiramente em minhas mãos, ordeno-te que te aproximes com humildade e lhe prestes a devida reverência". Diz a Crônica de 1280: "Ainda não tinha Frei Antônio terminado de falar e já o animal, deixando a ração, aproximou-se do Sacramento e baixou a cabeça até os joelhos". A multidão aplaudiu e o herege desafiador foi o primeiro da fila para confessar com Frei Antônio seus pecados.

Oração a Santo Antônio

Glorioso Santo Antônio, admiro em vós a coragem na decepção e no sofrimento. Quisestes ser missionário na África e vistes vosso desejo cortado pela enfermidade. Vossa confiança em Deus era bem maior que a frustração. Eu preciso aprender com vós a confiança em Deus nos momentos difíceis, quando Deus parece repetir o salmista: meus caminhos não são os vossos caminhos, e meus pensamentos não são os vossos pensamentos. Vós deixastes o caminho dos sonhos pessoais e entrastes pelos caminhos de Deus, sem saber que eles vos levariam a ser o grande missionário do norte da Itália e do sul da

França. Sois, de fato, mestre em fazer a vontade do Pai. Podeis dizer com Jesus: Meu alimento é fazer a vontade do Deus. Ajudai-me, Santo Antônio, Santo da coragem humilde e da humildade corajosa, a reconhecer que só os caminhos de Deus me levam a ele, que é "sobre todos e por tudo e em tudo Deus bendito pelos séculos eternos". Que eu possa repetir sempre: Amém. Assim seja.

Palavra dos Contemporâneos

Em louvor de sua pregação, não deve ser omitido o que aconteceu uma vez aos Frades reunidos em Capítulo Provincial, em Arles. Santo Antônio pregava lá em linguagem devota sobre o título da cruz: "Jesus Nazareno, Rei dos Judeus". Querendo seu bem-aventurado pai Francisco, ainda vivo, mas distante na Itália, dar testemunho fiel de sua pregação, apareceu na porta da sala, com os braços em forma de cruz, e abençoou os Frades. Parecia conveniente que Francisco prestasse testemunho a Antônio. Tomou-se conhecimento da aparição pelo relatório de Frei Monaldo, homem de comprovada virtude, que a viu com os próprios olhos.

Rigaldina, texto de 1298

Palavra do nosso tempo

Santo Antônio fala de três mesas: a da Palavra, a da Penitência e a da Eucaristia. A mais importante para ele é a da Palavra. De fato, pela mesa da Palavra somos conduzidos à conversão. A mesa da Palavra é nosso espelho; é a porta que nos introduz na relação com Deus. É o único modo que temos de compreender o tamanho e a espessura do coração de Deus, de seu amor, de sua caridade. A mesa da Palavra, ensina Santo Antônio, permite-nos conhecer nosso próprio caminho espiritual, porque o crescimento espiritual é medido pela penetração da Palavra de Deus em nós, mediante o Espírito Santo.

João Batista Montorsi, texto de 2002

Santo Antônio no folclore

Bendito e louvado sejais, Santo Antônio,
Sol brilhante em Lisboa,
Em França e em Itália!
Deste luz ao mar Atlântico,
Ao Monte Sinai subiste,
O teu santo breviário perdeste,
Em busca dele voltaste muito triste,
E uma voz do céu ouviste:

Antônio, Antônio, volta atrás,
O teu santo breviário acharás
E em cima dele Jesus Cristo vivo.
E três coisas lhe pedirás:
O perdido, achado,
O esquecido, lembrado,
E o vivo guardado!

Oração escrita por Santo Antônio

Pedimos-te, bendito Jesus, que nos faças aproximar de Jerusalém por teu amor e temor; desde a aldeia desta peregrinação a ti nos reconduzas; sobre nossas almas, tu, nosso Rei, descanses, a fim de com as crianças, escolhidas deste mundo, isto é, com teus Apóstolos, mereçamos bendizer-te, louvar-te e glorificar-te na cidade santa, na eterna felicidade. Auxilia-nos tu, a quem são devidas honra e glória pelos séculos eternos. Diga toda a alma fiel: Amém!

Ramos

Oitavo dia

MARIA: MULHER
DE DUPLO PARTO

Maria é mulher ímpar: mãe e geradora de Deus.

Essa frase Santo Antônio escreveu no 2º sermão para a Festa da Anunciação. De fato, toda a grandeza e todos os privilégios de Maria derivam de sua maternidade divina. Santo Antônio insiste muito na verdade de fé: Maria é mãe do Cristo homem e Mãe de Deus. No segundo sermão do 3º domingo da Quaresma, Santo Antônio não deixa dúvidas: "Bem-aventurado o ventre que te trouxe! Na verdade, é bem-aventurado, porque te trouxe a ti, Deus e Filho de Deus, Senhor dos Anjos, criador do céu e da terra, redentor do mundo! A Filha trouxe o Pai, a Virgem pobrezinha trouxe o Filho! Ó querubins, ó serafins, ó anjos e arcanjos, adorai reverentemente e prostrados o templo do Filho de Deus, o sacrário do Espírito Santo, o bem-aventurado ventre de Maria".

Para essa missão, Deus a preparou desde sempre e desde sempre a adornou de toda a beleza e de todas as graças. No primeiro sermão para a Anunciação, Santo Antônio cita a frase do

Eclesiástico (43,2): "É um vaso admirável, uma obra do Excelso" e acrescenta: "Maria é esse vaso. Este vaso foi obra admirável do Excelso Filho de Deus, que a fez a mais bela entre todos os mortais, a mais santa entre todos os santos e nela Ele foi feito". No sermão para o 20º domingo de Pentecostes, observa o Santo: "O Filho de Deus edificou para si a casa de sua humanidade no ventre da Santíssima Virgem. Esta casa ficou apoiada em sete colunas, os sete dons do Espírito Santo".

Além da maternidade humana e divina de Maria, Santo Antônio acentua bastante sua virgindade, antes, durante e depois do parto, como ensina a verdade de fé: "O Deus unigênito, ao ser concebido, recebeu a verdadeira carne de uma virgem e, ao nascer, guardou em sua mãe a integridade da virgindade", escreve no segundo sermão do 3º domingo da Quaresma. Em vários sermões, nosso Santo tem frases parecidas com esta, do primeiro sermão da Anunciação: "O parto da gloriosa Virgem compara-se à rosa e ao lírio. Assim como estas plantas, exalando suavíssimo perfume, sua flor não se corrompe, também Maria Santíssima, dando à luz o Filho de Deus, permaneceu virgem".

Setecentos anos antes da proclamação do dogma da Assunção de Maria ao céu em corpo e alma, Santo Antônio ensinava esta verdade com a maior naturalidade. No belíssimo sermão para a Festa da Assunção, escreve, depois de citar o profeta Isaías, que disse: "Eu glorificarei o lugar onde repousam os meus pés" (60,13): "O lugar dos pés do Senhor foi Maria Santíssima, da qual recebeu a humanidade. Este lugar glorificou-o na assunção, porque a exaltou acima dos coros dos anjos. Por isso se deduz claramente que a Virgem Santíssima foi assunta com aquele corpo que foi o lugar dos pés do Senhor". E no mesmo sermão ainda diz: "Porque Maria Santíssima coroou o Filho de Deus com o diadema da carne no dia que o concebeu, o mesmo Filho coroa no dia da Assunção sua mãe com o diadema da glória celeste".

Ainda no sermão da Assunção, exclama o Santo: "Ó inestimável dignidade de Maria! Ó inenarrável sublimidade da graça! Ó inescrutável profundidade da misericórdia! Nunca tanta graça nem tanta misericórdia foi nem pode ser concedida a um anjo ou a um homem, como a Maria Virgem Santíssima, que Deus Pai quis fosse mãe de seu próprio Filho, igual a si, gerado antes de todos os séculos! Verdadeiramente superior a toda graça foi a graça de Maria Santíssima, que teve um filho com Deus Pai e por este motivo mereceu ser na Assunção coroada no céu".

Nossa Senhora da Glória era a devoção mariana particular de Santo Antônio.

Ainda uma frase de Santo Antônio, para explicar o título que dei: "Mulher de duplo parto". Fui buscar a afirmação dele no sermão do 1º domingo do Natal: "Foi duplo o parto de Maria Santíssima: um na carne, outro no espírito. O parto da carne foi virginal e cheio de gozo, porque a Virgem deu à luz sem dor aquele que é a alegria dos anjos. Na Paixão de Jesus, uma espada atravessou-lhe a alma e deu-se, então, o segundo parto, doloroso e cheio de toda a amargura". Maria está inteiramente presente em toda a vida e missão de Jesus.

Santo Antônio, Doutor da Igreja

O Papa Pio XII, no dia 16 de janeiro de 1946, declarou Santo Antônio Doutor da Igreja. Que significa isso? Ao longo de dois mil anos, apenas 32 foram declarados doutores da Igreja. Para um santo ou uma santa alcançar esse título, são necessários alguns requisitos indispensáveis: santidade insigne de vida; eminente doutrina na pregação e nos escritos; forte influência de sua doutrina sobre a teologia e o povo; grande difusão de suas ideias teológicas; minucioso estudo e publicação científica de todos os seus escritos; pedido oficial de grande parte do episcopado e, finalmente, um documento declaratório da parte do Santo Padre.

Santo Antônio recebeu essa merecida honra. O documento com que o Papa Pio XII proclamou Santo Antônio Doutor da Igreja começa assim: "Exulta, ó feliz Portugal, regozija-te, ó feliz Pádua, porque a terra e o céu vos deram um homem que, qual astro luminoso, brilhou pela santidade da vida e iluminou e continua a iluminar todo o universo".

O tempo de Santo Antônio é muito parecido com o que vivemos no Brasil nos últimos anos: o pipocar de seitas, que falam em nome de Jesus Cristo, mas de Jesus selecionam partes e as medem com o metro de interesses terrenos. Só em Milão, no tempo de Santo Antônio, havia 150 comunidades da seita dos Humilhados. E havia os patarenos, os cátaros, os albigenses. Alguns grupos heréticos eram apoiados por financiadores ricos. A todos enfrentava o Santo nos sermões, com argumentos tirados da Sagrada Escritura, ao mesmo tempo que corrigia os vícios dos chamados fiéis católicos, incluídos bispos e sacerdotes, e mostrava a todos o caminho da virtude, caminho fundamentado na humildade e no amor fraterno.

Oração a Santo Antônio

Glorioso Santo Antônio, filho predileto de Maria, que cantaste de muitas maneiras os louvores e os privilégios da Mãe de Deus, sobretudo sua maternidade divina, sua milagrosa virgindade, sua imaculada conceição e sua elevação ao céu em corpo e alma, derramai em meu coração um terno amor à santa Mãe, refúgio dos pecadores e consoladora dos aflitos. Pelos tantos sermões que pregastes sobre Maria, a serva do Senhor, peço-te, Santo Antônio, que me alcances dela uma perene bênção, para que eu viva humilde e desapegado, sempre pronto a dizer "sim" aos desejos do Senhor e às necessidades dos que me cercam. Tenho certeza que Maria sempre se alegrou com a tua dedicação, a ponto de pôr em teus braços seu Filho bendito. Que ela encontre alguma alegria com a minha boa vontade. Amém.

Palavra dos contemporâneos

Antônio é coroa de glória sublime para seus dois mestres, Agostinho e Francisco. Com esses gloriosos patriarcas está agora no esplendor celestial, pois, enquanto viveu aqui, seguiu seus exemplos com a profissão religiosa e os santos costumes. Alegra-te também tu, Antônio, homem bem-aventurado que, qual árvore plantada à beira do rio, produziste frutos e restituíste ao Senhor redobrado o talento que dele tinhas recebido. De ti aprenderam a verdade aqueles que repreendias, porque tinham o coração duro, oprimido pelas coisas terrenas, amando as vaidades e procurando a mentira. Alegra-te, tu agora habitas na eterna mansão celeste. Sê-nos propício perante aquele do qual recebeste quanto desejava o teu coração. Sê, agora, nosso guia!

Vida Segunda, texto de 1235

Palavra do nosso tempo

O devoto costume de dedicar o sábado a Maria (nascido provavelmente no século XI) é lembrado nos sermões de Santo Antônio, com realce. No sermão da Páscoa do Senhor, lembrando Maria Madalena e as outras mulheres da Galileia, testemunhas da Paixão de Jesus, o Santo afirma: "Depois de o Senhor seu Filho ter sido sepultado, não se retirou do sepulcro para nenhuma parte, mas lá ficou a vigiar, toda lacrimosa, até o momento em que, em primeiro lugar, mereceu ver o ressuscitado. Por isso, o sábado é celebrado em sua honra pelos fiéis". A referência do Santo não é apenas a lembrança de um fato, mas na precisa declaração de seu significado espiritual. O sábado marino é a memória semanal da fé vigilante de Maria em pleno tríduo pascal.

Terêncio de Poi, texto de 2002

Milagre de Santo Antônio

Este milagre aconteceu em Lisboa, com o sobrinho de Santo Antônio, filho de uma sua irmã. Teria o menino uns cinco anos. Com outros, fora brincar à beira do rio. Entraram num barco, que virou. Todos se salvaram, nadando, mas o pequeno de cinco anos se afogou. Já estava morto, quando uns pescadores o tiraram da água com a rede. A essa altura os colegas haviam chamado o pai, a mãe e todo mundo. O pai recebeu o cadáver trazido pelos pescadores e o levou para casa. Fizeram todas as massagens possíveis para reavivar o menino. Durante os três dias de velório, a mãe, em choro e gritos, chamou continuamente por Santo Antônio: "Meu irmão, que atendes a todos os que te pedem, não sejas cruel com tua irmã. Devolve a vida a meu filho, teu sobrinho! Ele queria ser frade como tu!" Minutos antes do sepultamento, o menino reviveu, fez-se franciscano com o nome de Frei Aparício e morreu em fama de santidade. Ele mesmo contava o fato a quantos quisessem ouvir.

Oração escrita por Santo Antônio

Rogamo-te, Senhora nossa, Mãe ínclita de Deus, exaltada acima dos coros dos anjos, que enchas de graça celeste o vaso de nosso coração, que o faças refulgir com o ouro da sabedoria, o consolides com o poder de tua virtude, o adornes com a pedra preciosa das virtudes, derrames sobre nós o azeite de tua misericórdia. Tu, que és oliveira bendita, com ele cubras a multidão de nossos pecados, a fim de que mereçamos ser elevados à altura da glória celeste e tornados felizes com os bem-aventurados. Auxilie-nos Jesus Cristo, teu Filho, que te exaltou acima dos coros dos anjos, te coroou com o diadema real e te colocou no trono da luz eterna, ao qual são devidas honra e glória por séculos eternos. Diga toda a Igreja: Assim seja! Aleluia!

Nono dia

OS CHIFRES DA SOBERBA

Todo mal procede da soberba do coração.

Para Santo Antônio, de todos os vícios, a soberba é o pior. O que é a humildade para as virtudes (mãe e raiz) é a soberba para os vícios. O Santo chega a dizer no sermão para o 14º domingo de Pentecostes: "Quem mata em si a soberba, repele todos os vícios". No sermão do 2º domingo da Páscoa, ensina Santo Antônio: "Assim como todos os membros do corpo se apoiam no pé, todos os vícios se apoiam na soberba que, como diz o Eclesiástico (10,15), é o princípio de todo o pecado".

Assim como os dons do Espírito Santo se cruzam, andam juntos, completam-se e, às vezes, identificam-se, também os vícios capitais se parecem, andam juntos como uma alcateia de lobos e, juntos, ensina Santo Antônio, formam a lepra mortífera da alma.

Não raro, Santo Antônio para explicar seu pensamento recorre à origem da palavra. Assim, diz, no sermão da Sexagésima, que a palavra "soberba" vem de *super* (sobre) e *eo-is* (do verbo ir, em latim); o soberbo como que caminha sobre si mesmo.

Ao explicar o evangelho do fariseu e do publicano (11º de Pentecostes), Santo Antônio ensina que há quatro espécies de soberbos (orgulhosos):

1. É soberbo quem atribui a si e seus méritos o bem (material ou espiritual) que tem.

2. É soberbo quem, ainda que o atribua a Deus, está convencido de que o que possui é mérito inteiramente seu.

3. É soberbo quem se gaba de possuir o que não tem.

4. É soberbo quem despreza os outros e realça o que tem ou o que é. Assim, diz o Santo, o fariseu é o modelo do soberbo. O pensamento do Santo conclui assim: "Mais vale o publicano humilde do que o fariseu soberbo".

No sermão do 3º domingo da Quaresma, depois de dizer que Deus detesta a soberba acima de tudo, nosso Santo compara a soberba aos chifres de um animal. Alguns animais, afirma ele, têm os chifres recurvados para trás. Significam os soberbos carregados de luxúria. Eles tentam esconder a soberba (jogando-a para trás), mas são denunciados pelos pecados da carne. Outros animais têm os chifres voltados para frente. São os soberbos hipócritas, que disfarçam a soberba em fingimento beato, fazendo muitas reverências. Santo Antônio cita aqui o Eclesiástico (19,26): "Existe o soberbo que anda curvado pela falsa humildade, mas seu coração está cheio de falsidade". Há animais que têm os chifres retorcidos sobre si mesmos. São os soberbos que se autopromovem e andam com pompa. Rapidamente se destroem, porque sua arrogância é de barro endurecido na água da vaidade. E há os animais com os chifres voltados para cima, retos. São os soberbos revestidos da religião. Esta é uma soberba perigosíssima, acentua o Santo, porque contraria frontalmente a humildade de Jesus Cristo. E só a humildade é capaz de expulsar do coração a soberba. Quando a humildade conseguir entrar no coração, expulsando a soberba, ela governará também os cinco sentidos do corpo: na boca ressoará a verdade e a bondade; dos ouvidos removerá a detração e a lisonja; nas mãos porá a pureza e a piedade.

São inúmeras as citações e comparações em torno do vício da Soberba. Acrescento apenas mais o ensinamento do sermão para a festa da Epifania: "Assim como o vendaval arranca violentamente a árvore, a soberba separa a criatura humana de Deus". Ora, a esperança da criatura humana é Deus. A esperança é arrancada quando o vento da soberba lhe arranca a raiz da humildade. O soberbo faz tudo para subir. Deus desce.

São caminhos contrários. Por isso, o Santo escreveu no sermão do 2º domingo do Natal: "Ó rígida soberba, que forcejas subir acima das nuvens, que estabeleces o teu trono acima dos astros do céu, desce, por favor, porque Jesus desceu!"

Além de pregador, administrador

Desde os tempos de São Francisco até hoje, os Frades estão divididos em províncias, ou seja, em regiões determinadas, cujos conventos são governados, em âmbito regional, por um Frade eleito pelos demais, que passa a se chamar Irmão Ministro, ou seja, aquele que supervisiona todos, cuida de todos, tem a última palavra nas decisões e presta contas ao Ministro Geral da Ordem, eleito pelos Ministros provinciais.

Em 1226, São Francisco ainda estava vivo (morreria no dia 3 de outubro desse ano). São Francisco já entregara o governo central da Ordem a Frei Elias de Cortona. Santo Antônio estava no sul da França. Os Frades daquela região o elegeram Ministro Provincial. Isso significa que, além das qualidades oratórias e de mestre de teologia, Frei Antônio tinha também qualidades de administrador. Não fosse assim, os Confrades não o teriam eleito Ministro de todos.

Imediatamente Frei Antônio começou a visitar todos os conventos e eremitérios, onde moravam os Frades. Fechou alguns, porque não tinham condições nem para a vida penitente. Abriu outros. Detinha-se com os Frades, ajudava-os, consolava-os, orientava-os. E foi na qualidade de Ministro provincial do sul da França que ele viajou para Assis, para a primeira assembleia (que os Frades chamavam e chamam até hoje de "Capítulo") para eleger o sucessor de São Francisco. A assembleia fora convocada para maio de 1227, porque São Francisco determinou que todos os capítulos eletivos fossem feitos (e o são até hoje) na Festa de Pentecostes.

Nesse Capítulo Geral, foi eleito sucessor de São Francisco Frei João Parente, o Frade que, em Coimbra, na capela de Santo Antão, recebera Frei Antônio na Ordem. E Frei Antônio foi eleito Ministro Provincial do norte da Itália, da região que vai da Lombardia ao Vêneto, incluindo o que hoje se chama Emília-Romanha. Terá sido nesse Capítulo Geral que os Ministros provinciais pediram a Frei Antônio que escrevesse os esquemas dos sermões para todo o ano litúrgico, para que os jovens padres tivessem um subsídio seguro para preparar as pregações. Não podemos esquecer que o ofício de pregar ao povo era a principal ocupação dos Frades. Frei Antônio de Lisboa passa, então, a administrar uma centena ou mais de conventos, velando, sobretudo, pela observância prática daquilo que São Francisco chamava de "Senhora Santa Pobreza".

Oração a Santo Antônio

Glorioso Santo Antônio, teus contemporâneos dizem que sabias de cor toda a Sagrada Escritura e que, nos sermões, voltavas sempre a elas, para nelas buscar as razões de teus ensinamentos sobre as virtudes e os vícios. Mais que saber as frases de cor, tu as meditavas no coração, como fazia Maria no Evangelho. Eram as frases meditadas, já transformadas em vida de cada dia, que pregavas ao povo, e por isso tuas palavras eram ouvidas com tanta devoção e convertias criminosos em homens normais, cristãos tíbios em fervorosos, pessoas piedosas em santas. A todos davas o remédio infalível da humildade. Pede ao Filho de Deus, que desceu do céu para ser o modelo da humildade na Terra, que quebre e retire de nosso coração a soberba e o orgulho, para podermos viver como verdadeiros cristãos, irmãos de Jesus. Ele é Deus, com o Pai e o Espírito Santo. Amém.

Palavra dos Contemporâneos

Constituído em autoridade, não queria ser exaltado, mas ser considerado quase um súdito. Deus escolhera-o para guarda fiel de suas ovelhas, para as defender das mordeduras dos lobos e das serpentes. Ó homem verdadeiramente humilde, a quem o Senhor confiou o ministério da pregação porque escondia seu saber; a quem o Senhor honrava com ofícios divinos, porque preferia os serviços humildes; porque queria ser o último entre os companheiros, mostrava-se o mais sublime nos milagres; porque, sendo superior, não se exaltava, por sua vigilância livrava as ovelhas a si confiadas das investidas dos lobos!

Texto de 1298

Palavra do nosso tempo

A Igreja de hoje, empenhada na nova evangelização do mundo moderno, continua necessitando de santos à maneira de Santo Antônio. Continua necessitando de cristãos que enraízem a própria vida em Cristo e dele façam o horizonte de sua existência. A nova evangelização se alcançará pelo esplendor da inteligência dos mestres somente se eles se revistirem de credibilidade pelo testemunho vivo de uma santidade realmente evangélica. Em seu incansável zelo apostólico, Santo Antônio tinha consciência de ter sido escolhido pelo Espírito Santo "para anunciar aos pobres a alegre mensagem, para proclamar aos presos a libertação e aos cegos a vista: para libertar os oprimidos e pregar um ano de graça do Senhor". Fez-se tudo para todos, com especial predileção pelos mais pobres, aflitos e abandonados.

Cardeal Antônio Ribeiro,
Patriarca de Lisboa.
Texto de fevereiro de 1995

Milagre de Santo Antônio

Depois de uma pregação, o povo ia voltando para casa. Santo Antônio, querendo voltar ao Convento, tomou um atalho juntamente com seu companheiro de andanças Frei Lucas Belludi. Uma senhora o viu pegar o atalho e foi atrás dele, levando nos braços o filhinho entrevado de pernas e braços desde o nascimento. Ao alcançá-lo, em prantos, pediu que o Santo traçasse o sinal-da-cruz sobre o menino para curá-lo. Não adiantou o Santo esquivar-se com humildade. A mãe dobrava o pranto e a súplica. Frei Lucas, que também tinha fama de santo, rogou a Frei Antônio que atendesse a senhora desesperada. Feito o sinal-da-cruz sobre o corpinho entrevado, a criança se ergueu, curada. Então foi a vez de Frei Antônio suplicar que ela não contasse ao povo enquanto ele fosse vivo. Mas como esconder o milagre, se muitos conheciam o menino paralítico?

Oração escrita por Santo Antônio

Roguemos, irmãos caríssimos, a Jesus Cristo, que vence com a humildade a soberba do diabo, nos conceda quebrar com a humildade do coração os chifres da soberba e do orgulho, e estender por toda parte nos sentidos de nosso corpo o sinal da humildade, a fim de merecermos chegar a sua glória. Ajude-nos ele mesmo, que é bendito pelos séculos dos séculos. Assim seja.

Décimo dia

OS DENTES DA AVAREZA

A avareza é como uma árvore estéril.

A avareza é muito combatida por Santo Antônio. Talvez por ser um vício que nunca vem sozinho. Sempre vem com a usura. O santo escreve no sermão do 1º domingo da Quaresma: "A avareza reclama a usura, e a usura reclama a avareza; aquela convida esta, e esta aquela". No sermão da Epifania, ensina o Santo: "Diz-se em Ciências Naturais que os elefantes têm sangue muito frio. As serpentes venenosas desejam muito beber-lhes o sangue frio. Por isso lutam com eles para lhes sugar o sangue. Assim os usurários, infectados com o dinheiro da avareza, têm sede do alheio. Os pobres têm sangue frio, porque a pobreza e a nudez não lhes permitem o aquecimento. E vem o usurário e lhes suga o sangue".

A avareza muitas vezes é acompanhada da luxúria. No sermão para a Festa da Conversão de São Paulo, escreve o Santo: "Há dois pensamentos especiais que estão corrompendo o espírito: a avareza e o deleite da luxúria, que são como que duas irmãs prostitutas".

Santo Antônio volta e meia aproxima o vício da avareza à hipocrisia, sobretudo quando ambos os vícios aparecem em pessoa religiosa. A avareza também entra pelo campo das honrarias. No Sermão para o 1º domingo da Quaresma, comentando a tentação de Jesus no monte, quando o diabo lhe oferece todos os reinos da Terra, escreve o Santo: "Também no monte da dignidade transitória somos tentados com o pecado da múltipla avareza. Não há só avareza de dinheiro, mas também de excelência. Os avarentos, quanto mais têm, mais desejam; os constituídos em dignidade, quanto mais se elevam, tanto mais se esforçam por subir".

No sermão do 2º domingo de Pentecostes, ele define o avarento como "um pobre a quem o dinheiro governa, em vez de se governar a si; não é possuidor, mas possuído; embora tenha muito, crê ter pouco. Já dizia o filósofo Sêneca: é miserável, ainda que seja o senhor do mundo". Ao comentar a cura do hidrópico (Lc 14,1-4), no 17º domingo de Pentecostes, escreve Santo Antônio: "O hidrópico se compara ao rico avarento. As águas do prazer carnal e da cobiça mundana geram a hidropisia da alma, que não consegue saciar-se... O hidrópico é bem a figura do avarento. Diz-se avarento por ser ávido de ouro e nunca se encher de riquezas. Assim como nosso corpo se enche de vento, o avarento se enche de ouro. É como um abismo que, não tendo fundo, nunca diz basta".

No sermão do 4º domingo da Páscoa, Santo Antônio compara os avarentos à árvore que Jesus amaldiçoou, porque não tinha frutos (Lc 13,7), a árvore que ocupa inutilmente o terreno. E, no Sermão da Ressurreição, escreve: "Se alguém tivesse no seu pomar uma árvore estéril, não a arrancaria pela raiz e em seu lugar não plantaria outra frutífera? A árvore estéril é a avareza. Corta-a, arranca-a, e em seu lugar planta a esmola, que te produza o fruto da vida eterna".

Ainda uma passagem do 12º domingo de Pentecostes, que justifica o título desse dia: "Os dentes da Avareza". "Os dentes assim se chamam porque dividem os alimentos. Os primeiros da frente se chamam incisivos; os seguintes, caninos; os últimos molares. Note que é tripla a rapina dos avarentos. Uns cortam pela frente, porque não tiram tudo de uma só vez, mas por parte. Outros se assemelham aos dentes caninos: são os advogados e exatores, que no tribunal ladram por dinheiro como cães. E há os parecidos aos molares: são os poderosos e os usurários que moem os pobres. Mas o Senhor, garante o salmista (58,7), quebrará todos esses dentes."

Prega para o Papa

Na qualidade de Ministro provincial e de teólogo, Frei Antônio foi chamado a Assis para, numa comissão oficial da Ordem, ir a Roma conversar com o Papa Gregório IX sobre algumas questões da Regra. Ou tratar da canonização de Francisco. Ou demonstrar apoio ao Papa Gregório IX, que fora Cardeal-protetor da Ordem e tantas vezes defendera São Francisco. O Papa, na Quinta-feira Santa de 1228, excomungara o imperador Frederico II, imperador da Germânia. Esse assunto era um tanto delicado para os Franciscanos, porque Frei Elias de Cortona, até agora sucessor de São Francisco, era amigo íntimo e conselheiro de Frederico II. Como fosse tempo de Quaresma, Frei Antônio foi convidado para pregar à Cúria romana, na presença do Papa. Pregou na Basílica de Latrão, então residência do Santo Padre. Impressionou a todos e, de modo especial, a Gregório IX, que o chamou de "Arca do Testamento", ou seja, armário em que estava guardada toda a Sagrada Escritura, tamanha facilidade demonstrara o Santo com os textos sagrados, adaptando-os ao tempo da Quaresma e à circunstância de seus ouvintes serem os Cardeais da Cúria.

É muito provável que Frei Antônio, na qualidade de Ministro Provincial, tenha participado da Festa de Canonização de São Francisco, no dia 16 de julho de 1228. Em junho de 1230, em torno da Festa de Pentecostes, ele se encontrava em Assis, participando do Capítulo Geral e da transladação dos restos mortais de São Francisco, da Igreja de São Jorge para a Basílica construída por Frei Elias de Cortona, especialmente para abrigar os ossos do Santo (é a mesma Basílica existente até hoje). Nesse Capítulo, Frei Antônio foi mandado de novo a Roma com outros teólogos para discutir com o Papa alguns pontos sobre a pobreza franciscana, para que o Capítulo pudesse tomar algumas decisões.

Voltando a Assis, conseguiu liberar-se do cargo de Ministro Provincial para se dedicar a duas tarefas: a pregação e a elaboração dos esquemas dos sermões para os domingos e dias santos, tarefa já começada. Estavam interessados nesses esquemas não só os Frades reunidos em Capítulo, mas também vários bispos.

Frei Antônio parte de Assis a pé, pregando de cidade em cidade, até chegar a Pádua, onde fixa moradia no Convento de Santa Maria Mãe de Deus.

Oração a Santo Antônio

Glorioso Santo Antônio, santo da pobreza e do desapego, curai-nos da lepra da avareza e da cobiça, que nunca dizem basta, que contaminam nossas obras, que nos prendem às coisas passageiras do mundo e nos impedem de ver as coisas do céu, que destroem a justiça e não nos deixam viver como irmãos, dignos do nome de discípulos do Senhor, que nasceu pobre em Belém e pobre e desapegado morreu na cruz. Sabemos, porque vós o repetistes muitas vezes, que a gordura das riquezas cega os olhos dos que querem ver o Senhor. Tirai de nossos olhos a cobiça. Tirai de nosso coração a avareza. Tirai de nossa vontade o desejo de possuir mais que o necessário. Tendo-vos como mestre e guia, não percamos de vista o presépio e a cruz do Senhor. Amém.

Palavra dos contemporâneos

Com todo o mérito este homem pôde ser denominado "Arca do Antigo e do Novo Testamento". Era de fato um conhecedor profundo da Bíblia, por um lado, devido ao seu esforço pessoal em assimilá-la e, por outro lado, pela intervenção da graça do Espírito Santo. De resto, de nada valeria uma coisa sem a outra. A verdade é que, como expressamente referiram pessoas que o conheceram bem e conviveram de perto com ele, trazia constantemente entre as mãos o Antigo e o Novo Testamento, qual um segundo São Jerônimo, o venerável Doutor da Igreja. Também nosso Santo sabia de cor o texto bíblico com tal exatidão que, se esse texto viesse a sumir, Santo Antônio, com assistência do auxílio divino, seria capaz de o escrever de novo por inteiro, palavra por palavra, de modo a restituí-lo ao estado original.

Benígnitas, texto de 1280

Palavra do nosso tempo

Santo Antônio, homem de cultura, mas, sobretudo, homem de verdadeira sabedoria cristã, não desprezou os desafios de seu tempo. Fortalecido por uma sábia meditação da Sagrada Escritura, Antônio iluminou a sociedade de seu tempo com o fulgor da mensagem de Cristo. Denunciou os males mais presentes em seu tempo: a avareza, a usura, a prepotência, a corrupção; combateu com determinação as heresias; repreendeu com audácia a negligência dos ministros do Evangelho e amou apaixonadamente a Igreja, chamando-a à conversão e ao testemunho fiel de seu Senhor e Mestre. Temos hoje necessidade de homens impregnados de autêntica sabedoria, como foi Santo Antônio, capazes de abrir clareiras na névoa que, às vezes, atrapalham nossos caminhos.

Cardeal Antônio Ribeiro, Patriarca de Lisboa. Texto de fevereiro de 1995

Milagre de Santo Antônio

Coincidiu que Santo Antônio se encontrasse em Florença. Tendo morrido um senhor muito rico e avarento, os parentes quiseram fazer exéquias solenes na igreja e convidaram Frei Antônio para o sermão fúnebre, e ele foi. Igreja lotada. O Santo foi ao púlpito e tomou como tema a frase de Jesus no Sermão da Montanha: "Onde está teu tesouro, lá estará teu coração (Mt 6,21). Falou do destino da alma depois da morte. Seu sermão foi crescendo, e numa crueza assombrosa falou da avareza e do coração do avarento que, depois da morte, não pôde entrar nem no céu nem na igreja, mas ficou no cofre, no meio do dinheiro armazenado. E pediu à família que fosse ver para comprovar a veracidade do que afirmava. E o coração lá estava, sangrento, palpitando entre as moedas de ouro.

Oração escrita pelo Santo

Rogamo-te, Senhor Jesus Cristo, que nos agarres com a mão de tua misericórdia, nos tires do poço da miséria com o pano de tua pobreza e de tua humildade, nos cures da hidropisia da luxúria e da avareza, para que possamos conservar a unidade do espírito e chegar a ti, Deus Trino e Uno, juntamente com o Pai e o Espírito Santo. Auxilia-nos tu, Jesus, que és bendito pelos séculos. Assim seja.

17º de Pentecostes

Décimo primeiro dia

A ESPUMA DA LUXÚRIA

A Luxúria é uma boca de um abismo,
que nunca diz basta;
um abismo sem a luz da graça e sem fundo;
luxúria chama luxúria e não se sacia nunca.

Santo Antônio faz essa comparação no 6º domingo da Páscoa. O Santo combateu muito o vício da luxúria e o vê sempre unido à soberba e à avareza. Chama aos três de "trio maldito". No sermão da Purificação, ele comenta a frase de Davi: "Eu, teu servo, matei um leão e um urso" e faz este comentário: "O leão designa a soberba; o urso a luxúria. Matar em si estes dois vícios só quem experimentou sabe quanto trabalho exige. E repare-se que põe primeiro leão e depois urso, porque se primeiro não for domada a soberba do coração, a luxúria da carne não será vencida".

A luxúria é um vício tão velho quanto a humanidade. No sermão do 4º domingo da Páscoa, admoesta Santo Antônio, comentando a frase do salmista (81,10) "Não adorarás um deus estranho": "Esse deus estranho, que afasta a criatura humana de Deus, é a luxúria, mal velho, doença antiga, devoradora de todos os bens".

No sermão da Sexagésima, Santo Antônio compara os vários lugares onde caíram as sementes (Lc 8,4-9) com os vários compartimentos da Arca de Noé. A luxúria entra ao comentar a semente caída junto do caminho e corresponde ao primeiro compartimento da Arca, "... que foi o da esterqueira. O caminho calcado aos pés e a esterqueira significam os luxuriosos. O coração impuro chega até à embriaguez da luxúria. Tal coração é terra maldita, que não pode germinar a semente do Senhor, que é devorada pelos demônios, porque o diabo arrebata a semente do coração luxurioso e a devora para que não frutifique". No mesmo comentário, de forma um tanto irônica, observa o Santo: "O Evangelho não diz que a semente caiu *no* caminho, mas *à beira* do caminho, porque o luxurioso não recebe a palavra dentro do ouvido do coração, mas ela passa rapidamente junto do ouvido do corpo, como um som sem sentido".

Ainda no sermão da Sexagésima, Santo Antônio diz que da esterqueira da luxúria costumam nascer quatro filhotes: a fornicação, o adultério, o incesto e a masturbação.

Para Santo Antônio, as riquezas provocam luxúria. Assim escreve no sermão do 2º domingo do Advento: "Onde houver afluência de riquezas, haverá a lepra da luxúria". No mesmo sermão acrescenta: "Diz-nos o Êxodo (32,2) que foi feito de ouro um bezerro; do ouro da abundância se forma o bezerro da descarada luxúria".

A luxúria tem força de matar. Não só as virtudes, mas também a própria graça divina. No sermão do 4º domingo da Páscoa, Santo Antônio afirma que "na verdade, o mundo está manchado pela fornicação mais do que por qualquer outro vício" e acrescenta: "Por causa da fornicação, perde-se a fé e pode-se, por isso, dizer que a luxúria é a morte da alma". O luxurioso não costuma pecar apenas sozinho. "Os luxuriosos são como as rãs do brejo, eles se convidam e se chamam entre si; seus olhos estão cheios de adultério e acesos de sensualidade."

A título de curiosidade, sem entrar em explicações, Santo Antônio compara a luxúria ou os luxuriosos à urtiga, ao basilisco (animal imaginário que matava ervas e plantas com seu sopro, matava animais com seu olhar), ao vinho inebriante, ao asno (que é mais forte no traseiro). Por fim, à panela no fogo e às ondas do mar. Nessa página busquei o título "A espuma da Luxúria". Diz o Santo no 4º domingo da Páscoa: "Os luxuriosos são como as ondas do mar: flutuam quando as rajadas de vento as agitam. Os luxuriosos, de fato, agitados pelas sugestões dos espíritos imundos, flutuam em diversos pensamentos e espumam luxúria para a confusão da própria alma. Fazem como a panela posta sobre o fogo, que deita espuma. A panela figura o coração do pecador. Nela há a água da concupiscência carnal e põe-se-lhe debaixo o fogo da sugestão diabólica, para assim deitar a espuma da luxúria da própria vergonha".

Tornou-se casamenteiro

Estamos no início de 1231, ano de inverno muito acentuado. As pregações, a intensa atividade no confessionário, as horas de oração e contemplação, a elaboração dos esquemas dos sermões (escreve Santo Antônio: "Escrevo com medo e pudor, porque me sinto insuficiente para tamanha e incomparável responsabilidade; venceram-me, porém, os pedidos e o amor dos Confrades, que a tal empresa me impeliam") debilitaram muito Frei Antônio, cuja saúde nunca fora boa. A primeira biografia sobre ele, escrita em 1232, lembra: "Era admirável! Sendo ele um homem atormentado por certa obesidade natural, e com achaques contínuos, todavia, por causa do ardoroso zelo pelas almas, permanecia muitas vezes em jejum, pregando e ensinando e ouvindo confissões, até o pôr-do-sol".

A isso se acrescentou o enfrentamento do poderoso e violento Ezelino, que crescera em poder à custa de sangue, rapina, terror e prisões. Tinha poder sobre toda a Padânia. Várias ordens de Ezelino feriam o povo, que não tinha como reagir. Um exemplo: Ezelino baixou um decreto ordenando que só podiam casar as moças que pagassem o dote (uma soma em dinheiro ou em bens materiais) ao sogro. Com isso, as moças pobres, que eram a indiscutível maioria, estavam excluídas do casamento. Frei Antônio procurou Ezelino, que tinha seu palácio em Verona, e, com a força de argumentos, ameaças de maldição e a fama de santidade que ele gozava em toda a região, exigiu a revogação do decreto. E conseguiu. A vitória de Frei Antônio está registrada nas crônicas civis do tempo. A partir de então e até hoje as moças casadouras invocam Santo Antônio, que criou fama de casamenteiro.

Aproximando-se março de 1231, tempo da Quaresma, Frei Antônio resolveu interromper a redação dos esquemas dos sermões e dedicar-se integralmente a pregar todos os dias para o povo de Pádua. Ele queria bem à cidade. Os Frades já sabiam que ele queria ser sepultado nela, à sombra de Santa Maria. Aliás, Santo Antônio, em seus sermões, recorria inúmeras vezes a Nossa Senhora, como exemplo das virtudes sobre as quais pregava e tinha por ela imensa devoção como Mãe de Jesus, Filho de Deus.

Foi nessa Quaresma de 1231 que o povo acorreu de perto e de longe, das cidades vizinhas e das cidades distantes, para ouvi-lo. Nenhuma igreja tinha lugar suficiente. Nem a catedral. Nem a praça da cidade. Frei Antônio teve de pregar num descampado, onde naquele ano não se plantara trigo. Diz a primeira biografia, escrita em 1232, que "compareciam os velhos, acorriam os novos, homens e mulheres, de todas as idades e condições. Até o venerável Bispo dos paduanos seguia com devoção a pregação do servo de Deus Antônio e exortava o povo com seu exemplo humilde a ouvir o Santo. Apesar da multidão, não havia sinal de murmúrio e falação. Em silêncio prolongado, todos escutavam o orador com os ouvidos da mente e do corpo atentos".

Oração a Santo Antônio

Ó Deus, Pai de misericórdia, que escolheste Santo Antônio como testemunha do Evangelho e mensageiro de paz no meio do povo, ouve nossa súplica por sua intercessão. Santifica nossa família. Ajuda-nos a crescer na fé. Conserva-nos na unidade, na paz, na serenidade. Abençoa nossos Filhos. Protege nossos jovens. Estende a mão amorosa sobre os namorados. Socorre os que andam aflitos pela doença, pelo sofrimento e pela solidão. Acompanha nosso trabalho. Dá-nos segurança no emprego. Concede-nos a alegria de teu amor. Isto te pedimos por Jesus, Nosso Senhor. Amém.

Palavra dos contemporâneos

Quero crer que não haveria coração, por mais empedernido e inflexível, duro como o diamante ou rijo como o ferro, que se não sentisse inteiramente amolecido e soluçando de arrependimento ao ouvir ameaças tão duras e terríveis sobre as penas do inferno, que Antônio, insigne arauto de Cristo, sabia representar ao vivo; ou então ao vislumbrar, a partir de suas palavras doces e melífluas, as alegrias do paraíso, as quais ele se empenhava em descrever com toda a vivacidade, verdades que com fervor de espírito e com eficiência emanavam daquela boca amante da verdade e cheia de Deus. Além disso, ninguém deixaria de se sentir inclinado a praticar o bem, ao observar os milagres extraordinários que ocorriam a todo momento.

Benígnitas, texto de 1280

Palavra do nosso tempo

Santo Antônio desprezava as riquezas e se mantinha longe delas, seguindo o fúlgido exemplo de São Francisco. Renunciou a quase todas as comodidades da vida, e não só se afastou com decisão das coisas terrenas, mas renunciou a si mesmo para mais livremente estar à disposição de Deus e a seu único serviço. Soube unir a vigilante e cuidadosa mortificação dos sentidos à mais diligente fuga das ocasiões de pecado e de prazeres. E porque não confiava nas próprias forças, dedicou-se dia e noite à fervorosa oração, a ponto de podermos dizer que sua vida foi uma constante oração. Ele sabia que, assim como a terra, se privada da luz e do calor do sol, torna-se esquálida e improdutiva, nossa alma, se não for iluminada e nutrida pela graça do eterno sol, não resistirá aos apelos mundanos, não alimentará a fé e a caridade, não galgará os ideais mais luzentes da santidade.

> Papa Pio XI, Carta Apostólica
> Texto de 1º de março de 1931

Santo Antônio no folclore

Eu hei de ir a Santo Antônio
De joelhos pelo chão;
Ó santinho de minh'alma,
Despachai-me a petição.
Santo Antoninho,
Lá do Bonfim,
Dai-me um menino
A mim.
Pr'a reclame,
Que seja gordinho,
Quero que se chame
Antoninho.

Oração escrita por Santo Antônio

Irmãos caríssimos, roguemos ao Senhor Jesus Cristo que nos faça descer do monte da soberba, extinga em nós a febre da luxúria, para que de rins cingidos possamos voltar à saúde e chegar à vida eterna. Auxilie-nos ele mesmo, que é bendito, louvável e glorioso pelos séculos eternos. Exclame toda a alma livre de febre: Assim seja! Aleluia!

21º de Pentecostes

Décimo segundo dia

O FOGO DA IRA

A ira é todo o movimento
desregrado para fazer o mal.

Santo Antônio faz diferença entre ira e iracúndia. A ira nasce por uma causa e termina se tirada a causa. A iracúndia, porém, é vício natural e até inato. Continua ele no sermão do 6º domingo de Pentecostes: "Iracundo é quem se ergue em fúria quando se lhe acende o sangue. O iracundo quer dominar os outros. E é imbecil isso, porque o iracundo, não se governando a si mesmo, quer dominar os outros. Quando a ira se acende, o iracundo transforma a língua em espada: saem palavras por todos os lados, seus olhos se obscurecem, seus ouvidos se tapam, suas mãos se tornam cruéis".

Santo Antônio se atém mais ao pecado capital da ira. Mas não o acentua quanto à soberba, a avareza e a luxúria. Para o Santo, a ira impede de ver a verdade das coisas e nas pessoas. No sermão do 4º domingo da Páscoa, escreve: "A ira impede o discernimento da verdade". E isso porque a ira transtorna a razão, que "é o espelho da alma", diz no Sermão da Festa da Cátedra de São Pedro.

Na Festa dos Santos Inocentes, discorrendo sobre a ira de Herodes e criticando o gesto irracional de mandar matar as crianças, diz o Santo: "A ira impede a pessoa de discernir a verdade, perturba a presença do espírito, mata os afetos da razão". E cita Jó: "A ira torna o homem insensato" (5,2). E acrescenta ainda: "Observa o exterior do irado: o olho se turva, a língua ameaça, a mão se prepara para bater e, com isso, a caridade se perde". Cita, então, a carta de Tiago (1,20) para dizer que ira não faz parte da justiça nem para com Deus nem para com o próximo. A justiça praticada por um irado é sempre vingança.

Também no Sermão da Epifania, ainda comentando a perturbação de Herodes com a notícia do nascimento do Rei dos Judeus: "Vede como é terrível o homem, quando aceso pela ira: a fonte enruga, o rosto empalidece, o nariz se contrai, os olhos se turvam, os lábios ficam lívidos, os dentes batem, as mãos querem ser chicote. Tal criatura já não é mais homem, é uma fera terrível... porque o homem aceso pela ira é um alienado e perde o modo correto de falar". E conclui o Santo numa acertada comparação: "O homem em ira se assemelha a um touro que sacode os chifres, lança pelas ventas ameaças e blasfêmias".

Como se vê, Santo Antônio quer uma criatura serena, que controla não só os vícios, mas também os sentimentos. Prega a paciência como remédio para a ira. Para ele, a paciência é a moeda mais preciosa que temos para comprar a serenidade da alma, a lucidez da razão e a unidade de ação. No sermão do 14º domingo de Pentecostes, comentando a desgraça do homem que caiu nas mãos dos ladrões e foi socorrido pelo samaritano, nosso Santo fala da paciência como fruto do Espírito Santo. A paciência controla a ira. A paciência redimensiona o tamanho da ofensa. A paciência afasta a vingança. A paciência favorece e pede o perdão. "Note-se – escreve o Santo – que a virtude da paciência se exercita de três modos. Efetivamente, sofremos umas coisas vindas de Deus, como os flagelos; outras, vindas do próximo, como as perseguições, os danos, as injúrias. Devemos vigiar contra tudo isto, a fim de que não nos precipitemos no excesso da murmuração contra os flagelos do Criador, não sejamos seduzidos a consentir no delito e sejamos arrastados à perturbação do mal."

Contra a ira, nosso Santo lembra um remédio: o comportamento de Jesus diante da calúnia, dos açoites, da cruz. Escreve ele no sermão do 6º domingo de Pentecostes: "Se o nosso velho homem for crucificado com os cravos do amor divino não serviremos mais ao pecado da ira contra o irmão, mas nele veneraremos o Cristo crucificado".

Pádua inteira aos pés de Santo Antônio

A Quaresma que Frei Antônio pregou em Pádua, na segunda metade de fevereiro e primeira de março de 1231, ficou na história. Várias crônicas profanas do tempo falam dela. Sabe-se que, em seus sermões dessa quaresma, o Santo enfrentou com todas as forças o grave problema dos usurários. Era comum em Pádua, naquele tempo, cobrar 25 a 30 por cento de juros. Houve casos de até 65 por cento. A usura tinha algumas normas doidas como, por exemplo, exigir que se somasse à dívida o juro não satisfeito. E os devedores que não pagassem pontualmente ficavam sujeitos a penas severas e, se ainda não solvessem, iam para o cárcere. Como as autoridades civis se adaptavam a isso e eram coniventes, Frei Antônio vergastou de todas as maneiras essa injustiça.

Por causa das pregações, foi modificado o código paduano no dia 15 de março de 1231: "Segundo o pedido de Frei Antônio, da Ordem dos Frades Menores, fica estabelecido e ordenado que ninguém, doravante, será mantido no cárcere por débito ou débitos pecuniários, passados ou futuros, se quiser pagar suas dívidas. Este estatuto não poderá ser mudado, diminuído ou suprimido".

Não era tudo o que pedia o pregador. Mas, ao menos, viu dezenas de pais de família saírem da prisão, voltarem para casa e virem com a família escutar as restantes pregações. Se conto isso, é para mostrar um Santo Antônio vigoroso, de pregação forte, direta, que sabia que os problemas sociais afetam os religiosos, que não tinha medo de botar o dedo nas chagas do pecado social, estivessem elas nos que mandavam ou nos que obedeciam.

Chegada a Páscoa, o povo suplicou ao Santo que continuasse suas pregações. Antônio continuou até a festa de Pentecostes, quando começou a colheita. Muito cansado, sentindo os incômodos da hidropisia, Frei Antônio pediu para se retirar a um pequeno eremitério em Camposampiero, não longe de Pádua, um sítio do Conde Tiso, amigo dos Frades. Era comum os filhos de São Francisco se recolherem um tempo num conventinho para dedicar-se à oração e à contemplação. Nunca iam sozinhos. Combinavam entre si e iam no mínimo três e no máximo quatro.

Quatro coisas queria Antônio: fugir do movimento de Pádua; descansar um pouco; dedicar-se mais à oração pessoal; e terminar o livro dos esquemas homiléticos.

Oração a Santo Antônio

Glorioso Santo Antônio, santo da pacificação e da paz, ponho a vossos pés meu coração irrequieto. Ele precisa de serenidade. São muitas as coisas que me perturbam. É verdade que não posso dizer como o salmista que cães furiosos me rodeiam (27,17), porque tenho muitos amigos em torno de mim. Meu interior é que precisa de paciência. Precisa de mais compreensão, mais generosidade, mais perdão. Precisa de menos egoísmo, menos mágoa e menos comodismo. Precisa de serenidade para não me irritar comigo mesmo, porque me sinto fraco, me sinto longe de Deus e sinto que não sou tudo para todos. Ajudai-me, Santo Antônio, a me suportar a mim mesmo, a carregar minha cruz com mais alegria, caminhando atrás do mesmo Jesus que vos deu tanta paciência e toda a santidade. A ele a glória e o louvor, com o Pai e o Espírito Santo. Amém.

Palavra dos contemporâneos

Com a eficácia de sua pregação, eram tantos os que se arrependiam dos pecados, que nem os Frades nem os outros sacerdotes, que em grande número seguiam o Santo, eram suficientes para ouvir as confissões dos penitentes. A admirável devoção de todo o povo tinha já, com razão, tal confiança em seus méritos que, se alguém conseguisse cortar uma tira de sua túnica, sentia-se feliz por possuir não pequena e humilde relíquia. Se alguém podia falar-lhe ou tocá-lo, julgava receber um favor excepcional.

Raimondina, texto de 1293

Palavra do nosso tempo

A Santo Antônio, luminar de santidade, de quem a Igreja tanto se gloria, voltem-se todos com veneração. Que todos procurem ordenar a própria vida pelo exemplo de suas virtudes. Que os jovens aprendam dele a fugir das leviandades do mundo e a levantar seu espírito casto e piedoso para ideais mais nobres e mais santos. Aprendam dele os que trabalham nas Missões católicas a não se deixar abater pelas dificuldades, a não se deixar envaidecer pelas conquistas e a arder continuamente no zelo apostólico. Os oradores sacros aprendam a buscar nas puras fontes da Sagrada Escritura a divina sabedoria, aprendam a modelar sua vida sobre o exemplo e os preceitos de Jesus Cristo, a preparar-se dignamente para o ministério importantíssimo da pregação. De modo muito especial desejamos que aqueles que abraçaram a vida religiosa se esforcem por imitar os méritos e as virtudes singulares desta puríssima glória da grande Família franciscana.

> Papa Pio XI, *Carta Apostólica,*
> texto de 1º de março de 1931

Milagre de Santo Antônio

Bilocação quer dizer estar em dois lugares ao mesmo tempo. Contam-se várias bilocações na vida de Santo Antônio. Uma aconteceu em Limoges, na Semana Santa. Ele tinha de cantar a leitura principal no coro dos Frades. Mas àquela hora estava pregando na igreja de São Pedro dos Quatro Caminhos. Os Frades sabiam que ele estava lá pregando. Mas, à hora em que ele devia fazer a leitura, o viram aparecer no meio do coro e com a maior naturalidade cantar o que lhe competia. Enquanto esteve no coro dos Frades, esteve no púlpito, calado, em silêncio à vista de toda a gente. Outro caso de bilocação aconteceu em Montpellier. Mas o mais famoso aconteceu quando, enquanto pregava na Itália, esteve em Lisboa para salvar o pai de uma condenação à morte. Diante de todos os juízes, ressuscitou a pessoa que teria sido assassinada pelo pai, fê-la declarar a inocência dele. O juiz quis que o Santo arrancasse da boca do ressuscitado o nome do verdadeiro assassino. Frei Antônio, mandando o ressuscitado voltar à morte, disse a todos: "Vim livrar um inocente e não acusar homicidas". Abraçou o pai inocentado e livre e "voltou" à Itália.

Oração escrita por Santo Antônio

Peçamos, irmãos caríssimos, ao Senhor Jesus Cristo, que lance fora de nosso coração a ira e nos conceda a tranquilidade de consciência, com a qual consigamos amar o próximo com o coração, a boca e as obras e chegar àquele que é nossa paz. Auxilie-nos aquele que é bendito pelos séculos dos séculos. Assim seja!

6º de Pentecostes

Décimo terceiro dia

O DEUS DA GULA

A gula é um vício carnal como
a luxúria e a avareza.

Para Santo Antônio, luxúria e gula moram na mesma casa, se completam, são parentas próximas. No sermão do 9º domingo de Pentecostes, diz claramente: "Da gula nasce a fornicação". No 3º domingo da Páscoa, comentando o cinto do profeta Jeremias, que apodreceu no rio Eufrates (13,7), ensina o Santo: "O cinto da castidade apodrece na abundância da gula e da embriaguez".

No 23º domingo de Pentecostes, nosso Santo comenta a queixa de São Paulo aos Filipenses (3,19) de que entre eles havia gente cujo deus era o ventre. Escreve: "Costuma-se levantar templos, erigir altares, ordenar ministros para servir, imolar animais, queimar incenso aos deuses. Com efeito, para o deus ventre o templo é a cozinha; o altar, a mesa; os ministros, os cozinheiros; os animais imolados, as carnes cozidas; o fumo do incenso, o odor dos acepipes". Mais adiante acrescenta: "Nossos corações são vasos sagrados, quando servem no templo do Senhor e estão cheios de virtudes e agradam a Deus. Mas viram vasos de cozinha, quando em vez de servirem à sobriedade, os vasos do coração servem à gula".

No mesmo sermão, lembra Santo Antônio, que o deus ventre, além das comidas, pede também outras vítimas como o mexerico, conversas fúteis, ócio, sono e indolência. Entre os adoradores do Deus ventre não se ouvem suspiros de oração de corações arrependidos, "mas risos, gargalhadas zombeteiras e arrotos do ventre farto".

No sermão do 3º domingo da Páscoa, Santo Antônio lembra a famosa frase de Sócrates, repetida, aliás, em diferentes modos, nos provérbios de todas as culturas: "Come e bebe para que vivas bem; não vivas somente para comer e beber". No mesmo sermão, Santo Antônio põe lado a lado os amantes de Deus e os amantes do mundo: "Os de Deus vivem na contrição, na renúncia aos bens temporais, na penitência. Os do mundo vivem no prazer e na alegria do pecado, inebriados pela gula e pela luxúria".

Comentando as tentações de Jesus, escreve Santo Antônio no sermão do 1º domingo da Quaresma: "Na mesma ordem com que o diabo tentou Adão no paraíso, tentou Cristo no deserto e tenta qualquer cristão deste mundo. Tentou o primeiro Adão com a gula, a vanglória e a avareza, e venceu. Tentou Cristo, mas foi derrotado, porque Jesus não era só homem, mas também era Deus. Ora, nós participamos de Adão e de Cristo. Precisamos revestir-nos do novo Adão e refrear com jejuns o ardor desordenado da gula, reprimir na confissão humilde o orgulho e a vanglória, e calcar no coração contrito a avareza". As três tentações se parecem.

No mesmo sermão, ensina Santo Antônio: "Assim como o diabo tentou Jesus de gula no deserto, assim nos tenta todos os dias de gula. Nesta matéria pecamos de cinco modos: *Pela muita pressa*, quando comemos antes da hora. *Lautamente*, quando, já saciados ainda aguçamos o paladar com temperos, especiarias e manjares. *Em demasia*, quando comemos além do que pede o corpo. Os gulosos às vezes dizem: Temos de jejuar amanhã, por isso comamos hoje, façamos ceia e jantar juntos. Estes se assemelham aos gafanhotos, que não largam a árvore onde pousam, enquanto não a tiverem comido toda. Sim, o gafanhoto é bem o símbolo dos gulosos, que são gula e ventre e não abandonam a escudela, que defendem como se fora uma fortaleza. Para eles não tem alternativa: ou estouram o ventre ou esvaziam a escudela. *Com avidez*, quando avança sobre a comida. É parecido ao cão, que não deseja ter concorrente na cozinha. *Com grande apuro*, quando se procuram pratos estranhos, que são preparados com grande cuidado".

Várias vezes Santo Antônio lembra que a palavra 'sabedoria' vem de sabor e se contrapõe ao sabor procurado e experimentado pelos gulosos.

Última semana de vida

Santo Antônio não foi descansar em casa do amigo Tiso, mas no eremitério que Tiso construíra para os Frades. Porém, conta-se que na primeira noite, Antônio se prolongou muito em conversa com o conde, a ponto de ter de pernoitar na casa dele. Estamos nos últimos dias de maio ou primeiros dias de junho de 1231. Recolhido ao quarto, Frei Antônio demorou-se noite adentro em oração à luz da vela. Como não apagasse a vela, o conde teria espiado pelo buraco da chave para saber por que a vela ainda estava acesa. E viu no colo do Santo um menino que sorria feliz e brincava com seu rosto. Tiso ficou intrigado, porque não havia menino na casa. Enquanto isso, o Menino Jesus dissera a Frei Antônio que Tiso os espiava. No dia seguinte, ao se despedir para abrigar-se no eremitério, Frei Antônio pediu ao amigo não contar a ninguém o que vira. Mais intrigado ainda pelo fato de o Santo saber que espiara pela fechadura, Tiso prometeu segredo até a morte de Frei Antônio. As primeiras biografias não contam essa aparição, tanto que as primeiras imagens não mostram o Santo com o Menino, mas com um coração em chamas sobre o peito. Foi aquela visão, no entanto, que deu origem ao Menino no colo do Santo.

Lembremos que Santo Antônio queria terminar o livro. No eremitério pôs-se logo ao trabalho. Faltavam-lhe ainda alguns sermões para as festas dos santos. Faltava-lhe completar outros. Trabalhava com dificuldade. A hidropisia lhe tirava o ar. Sentia ânsias de afogamento. Perto da casa do Conde havia um bosque de nogueiras. No bosque havia uma de grande porte, cujos galhos se espraiavam. Antônio sugeriu ao conde lhe construir entre os galhos da nogueira uma cela. Quem sabe, pudesse respirar melhor. O conde lhe satisfez o desejo. Frei Antônio gostou muito, mas pouco lhe valeu. A saúde lhe fugia do corpo como o vento pelas árvores do bosque.

Era o dia 13 de junho de 1231, uma sexta-feira. O pequeno sino do eremitério tocou para o almoço. Antônio desceu de seu abrigo para tomar a refeição com os Confrades. Sentou-se à mesa. Não conseguiu começar a comer. Desmaiou. Os Frades o estenderam sobre um colchão de palha. Voltando a si, Frei Antônio pressentiu a proximidade da irmã Morte corporal. Agradeceu aos Frades a ajuda, mas pediu ao companheiro Frei Rogério que encontrasse um meio de transportá-lo de volta ao Convento de Santa Maria de Pádua, porque lá queria ser sepultado.

Oração a Santo Antônio

Glorioso Santo Antônio que, em vida, vencestes os vícios e cultivastes as virtudes, ponde em meu coração a humildade, para reconhecer minha fragilidade de criatura; ponde a sabedoria, o gosto pelas coisas de Deus, para não me dominarem a soberba e a gula; ponde a sinceridade, que me leve a vencer todas as formas de vaidade e de procura de glórias mundanas. Olho para vós com confiança, porque soubestes imitar Jesus, o modelo de todos os que têm a Deus por pai, bendito por todo o sempre. Amém.

Palavra dos contemporâneos

Frei Antônio fez-se transportar, em busca de uma solidão repousante, para um local, que se chama Camposampiero. Tendo-se regozijado muito com sua chegada, o nobre varão, chamado Tiso, foi apresentar-lhe seus préstimos. Fora esse senhor que construíra a habitação dos Frades. O referido varão possuía, não longe da habitação dos Frades, um bosque, onde se desenvolvera, entre as árvores da floresta, uma nogueira de um modo estranho na formação da copa: seis pernadas que saíram de seu tronco, tendo-se erguido para as alturas, formavam uma coroa com os ramos. Tendo o varão de Deus contemplado a sua admirável beleza, aconselhado pelo Espírito Santo, resolveu mandar fazer para si, sobre ela, uma cela, sobretudo porque o local oferecia uma oportunidade de solidão e um repouso propício para a contemplação.

Assídua, texto de 1232

Palavra do nosso tempo

A contextura dos sermões antonianos é extremamente complexa e representa um desafio aos comentadores. De fato, o texto está tão densamente impregnado de citações bíblicas que revela um conhecimento exaustivo e invulgar e, realmente, uma memória prodigiosa em sua articulação. Avulta ainda uma pluralidade de fontes, extremamente diversificadas, que percorrem praticamente todos os grandes autores do pensamento cristão, desde a Patrística até aos contemporâneos, englobando uma cultura monástica e um discorrer já escolástico, aglutinando ainda dados científicos que abrangem a astronomia, a biologia, a medicina, as ciências naturais, a física e o direito.

>Maria Cândida da Costa Reis,
>texto de 1986

Santo Antônio no folclore

Ó meu rico Santo Antônio,
Ó meu Santo milagroso;
Alegrai meu coração
Que anda tão desgostoso.
Ó meu padre Santo Antônio,
Aqui vos venho pedir
Salvação pra minh'alma
E graças para vos servir.
Santo Antônio está no céu,
Na glória do mesmo Deus;
Mesmo de lá está rezando
Pelos que são servos seus.

Oração escrita por Santo Antônio

Quando o diabo tentou com a avareza, Jesus respondeu: Adorarás o Senhor teu Deus e a ele só servirás. Todos os que amam o dinheiro ou a glória do mundo, prostrados adoram o diabo. Mas nós, por quem Jesus Cristo desceu ao ventre de uma Virgem e suportou o patíbulo duma cruz, instruídos por seu exemplo, vamos ao deserto da penitência e com seu auxílio, reprimamos o ímpeto da gula, o vento da vanglória, o incêndio da avareza. Adoremos aquele que os arcanjos adoram, sirvamos aquele a quem os anjos servem. Ele é bendito, glorioso, louvável e excelso por séculos eternos. Diga toda a criatura: Assim seja.

1º da Quaresma

Décimo quarto dia

O DRAGÃO DA INVEJA

A inveja nasce do desejo de
dinheiro e de grandezas.

É o vício, dentre os sete capitais, que menos aparece nas pregações de Santo Antônio. Ele vê a inveja como uma consequência da fome de ter e do desejo de aparecer. Um vício que não dá nenhuma satisfação aos sentidos (como a soberba, a avareza, a luxúria e a gula). Pelo contrário, "os invejosos vivem atormentados", diz ele no sermão da Epifania, quando cita uma frase do escritor latino Horácio: "Os tiranos da Sicília não encontram maior tormento do que a inveja, ou seja, a inveja é o maior de todos os tormentos".

Antônio lembra que a inveja despedaça amizades, divide a comunidade e dilacera os corações. No sermão para o 3º domingo do Advento, comentando uma passagem de Isaías (1,5-6), ele entrelaça a luxúria, a avareza, a soberba e a inveja: "Diz Isaías que tudo é uma ferida, uma contusão. A ferida designa a luxúria; a contusão, a avareza, da qual procede a inveja; a chaga intumescida é a soberba". Pouco depois, acrescenta:

"Da avareza, isto é, do desejo pecuniário e do desejo de grandezas, nasce a inveja e com ela as dissensões e as detrações".

Mais adiante, no mesmo sermão, afirma o Santo: "O desejo de grandezas e honrarias se parece a um osso atirado aos cães. Brigam por ele os pretendentes e se mordem mutuamente". E acrescenta ironicamente a frase de Isaías (56,11): "Estes cachorros têm enorme apetite, nunca se fartam".

Santo Antônio compara a inveja também a um abutre. No 6º domingo de Pentecostes, ele ataca a inveja existente nos prelados e nos religiosos, que desfazem por inveja o bem que os outros semeiam e procuram diminuir os méritos dos colegas. Este tipo de inveja é famoso e todos os mestres de espiritualidade clerical falam dele. Escreve Santo Antônio: "Eles se parecem ao abutre. Contam as Ciências Naturais que o abutre põe os filhos fora do ninho ainda antes de eles poderem voar. E faz isso por inveja. O abutre é naturalmente invejoso. Tem inveja dos filhos que crescem. Assim o prelado, por inveja não deixa seus súditos e amigos se preparem para o voo rumo aos bens celestiais. Como lembra o livro da Sabedoria (2,29), a morte entrou no mundo pela inveja do diabo; assim o prelado invejoso não só expõe seus paroquianos à morte, mas ele mesmo definha por inveja dos bens dos outros, atormenta-se com a felicidade dos outros e inferniza todo o ambiente".

Compara a inveja também a um dragão. O dragão é um animal imaginário, misto de serpente, morcego e leão, desprovido de patas e com desproporcional força na cauda. Não cabe nos covis, por isso se movimenta sempre à procura de espaço. Não era difícil aplicar o veneno da serpente, a voracidade do leão e a feiura do morcego à inveja, que não ataca pela frente, mas destrói com a detração, que não fica em covil, mas espalha seu terror por todos os lados. Escreve Santo Antônio no 10º domingo de Pentecostes: "Os iracundos e os invejosos, como os dragões, saídos do covil de sua consciência, que não os pode conter, enchem o ambiente de palavras e gritos, mancham a atmosfera de blasfêmias. Sua força não está só nos dentes, mas também na cauda da traição".

No 3º domingo da Páscoa, comentando a frase do Apocalipse (2,13): "Sei onde moras, onde é o trono de Satanás", explica o Santo: "Os invejosos são o trono de Satanás, um trono que é antro e esconderijo, porque antro é o coração do invejoso, sempre escuro pela fuligem da inveja". No 6º domingo de Pentecostes, Santo Antônio nos lembra que é capaz de vencer a inveja quem se orienta pela razão, ou seja, pelo bom senso.

Morre o Santo

Camposampiero ficava, naquele tempo, a 20 quilômetros de Pádua. Frei Rogério, companheiro de Frei Antônio, arrumou um carro de boi. Frei Antônio viajou deitado. Lentamente, o carro de boi tomou a estrada. Não estavam longe da cidade, quando Frei Antônio entrou em agonia. Frei Rogério achou melhor levá-lo ao conventinho de Arcela, onde moravam os Frades que davam assistência a um mosteiro de clarissas.

Antônio ainda recitou com os Confrades os salmos penitenciais, próprios para a agonia. Fixou os olhos num ponto alto. Perguntado o que estava vendo, respondeu: "Vejo o meu Senhor" e entoou a antífona de Nossa Senhora da Glória, sua devoção particular: "Ó gloriosa Senhora, / bem mais que o sol brilhais, / o Deus que nos criou / ao seio amamentais. / O que Eva destruiu / no Filho recriais. / Do céu abris a porta / e os tristes abrigais".

E Frei Antônio de Lisboa morreu. Era 13 de junho de 1231, uma sexta-feira.

Inexplicavelmente, crianças de Pádua percorreram as ruas da cidade, gritando: "Morreu o Santo, morreu o Santo!" Enquanto a multidão corria para Arcela, os Frades do Convento de Santa Maria se prepararam para o transporte do corpo e o enterro. Mas quem dizia que o povo deixava levar embora o corpo de Frei Antônio? "Se morreu em Arcela, em Arcela ficará, porque esta é a vontade de Deus e nossa", dizia e gritava o povo. Os Frades argumentavam que Frei Antônio pedira para ser sepultado na igreja de Santa Maria, em Pádua. Três dias depois, temendo a decomposição, os Frades de Arcela enterraram de madrugada Frei Antônio em sepultura provisória, até a chegada do Ministro Provincial, que deveria decidir o local da sepultura definitiva. Ele chegou no quarto dia. Combinou-se, então, o enterro definitivo em Pádua para a terça-feira à tarde. O povo tentou reagir, derrubando até a ponte que ligava Arcela a Pádua.

Arcela ficava a dois quilômetros da cidade (hoje, bairro de Pádua). A notícia da morte se espalhara. A região inteira veio ver Frei Antônio morto. De Arcela à igreja de Santa Maria era uma massa compacta de gente que se movimentava lentamente à luz de tochas. Era bem tarde da noite, quando o corpo foi sepultado. A multidão não arredou pé aquela noite. Era terça-feira e, até hoje, o povo do mundo inteiro se lembra daquela terça-feira e faz orações especiais ao Santo nascido em Lisboa, Portugal, e sepultado em Pádua, na Itália. Como disse o Padre Vieira, "Deus criou Santo Antônio para ser luz do mundo, nascer em uma parte e sepultar-se na outra é obrigação do sol".

Oração a Santo Antônio

Glorioso Santo Antônio, santo dos milagres, peço-vos um grande respeito pela vida que Deus me deu. Que eu não perca tempo em futilidades que não enriquecem minha alma. Que eu sinta Deus presente em todos os passos e a ele consagre todas as minhas decisões. Que eu seja um firme defensor da vida humana em todas as suas etapas. Que eu saiba gastar minha vida em benefício do próximo, como o fizestes vós, sem nada guardar para mim, mas fazendo-me tudo para todos, para que todos sejam de Cristo, o Filho de Deus bendito, que vive e reina para sempre, na unidade do Pai e do Espírito Santo. Amém.

Palavra dos contemporâneos

O Bispo da cidade com todo o clero, o Podestà com grande número de cidadãos foram a Arcela e, organizadas as procissões, ao som de hinos, aplausos e cânticos religiosos, com o admirável júbilo de toda a gente, transportaram o corpo do bem-aventurado Antônio para a Igreja de Santa Maria, Mãe de Deus. Os chefes do povo e os principais da cidade se ofereceram para carregar aos ombros o corpo, persuadidos de que seriam felizes tocando em seu caixão.

Formou-se um cortejo enorme de povo. Muitos não aguardaram a procissão e se apressaram, contornando ruas e praças a chegar a Santa Maria. Todos seguravam velas acesas nas mãos. Era tanta a profusão de luz que a cidade inteira parecia arder abrasada em fogo. Tendo chegado à Igreja de Santa Maria, o bispo celebrou Missa solene e sepultou honorificamente o corpo do bem-aventurado Antônio.

Assídua, texto de 1232

Palavra do nosso tempo

O exemplo luminoso de Santo Antônio é fonte de inspiração e de estímulo para nós! Ele exerceu o ministério da reconciliação porque, primeiramente, foi um homem de paz. Antes de reconciliar os outros, ele mesmo já estava reconciliado consigo mesmo. Em sua breve existência (morreu com apenas 36 anos!), transmitiu a muitos a paz que vem do Senhor e, ao pregar a Palavra Divina, promovia a reconciliação entre as pessoas. O reconhecimento da radicalidade com que Antônio encarnou o Evangelho, levou a

Igreja a proclamá-lo santo, apenas um ano após seu falecimento. A exemplo de São Francisco, também ele fizera de sua vida um instrumento de paz e reconciliação para muitos.

> D. Lorenzo Baldisseri,
> *Núncio Apostólico no Brasil*
> Texto de junho de 2008

Milagre de Santo Antônio

Logo após o sepultamento, foram trazidos muitíssimos doentes, com enfermidades várias, que, pelos merecimentos do bem-aventurado Antônio, foram de imediato restituídos à saúde primitiva. No mesmo instante em que o doente, fosse ele quem fosse, tocava a urna, experimentava a alegria de ser ver liberto de toda espécie de enfermidade. Aqueles que, por causa da multidão, não podiam chegar até a urna, enquanto eram transportados para fora da igreja, saravam na praça pública, à vista de toda a gente. De fato, abriram-se os olhos aos cegos, o coxo saltou como a gazela, aos surdos se lhes abriram os ouvidos, e a língua dos mudos proclamou rápida e com perfeição os louvores de Deus.

> *Assídua*, Texto de 1232

Oração escrita por Santo Antônio

Senhor Jesus, vela sobre a herança que, para não morrer sem nada deixar, quiseste confirmar aos teus filhos com teu sangue, e concede-lhes anunciar com confiança tua palavra. Não abandones as vidas de teus pobres, que tu mesmo redimiste e que não têm outra herança que a ti somente. Sustenta-os, Senhor, com a força do teu cajado, pois são teus pobres. Guia-os, não os abandones, para que sem ti não abandonem o caminho reto. Guia-os, antes, até o fim, para que vivendo em ti, que és seu ideal, possam chegar a ti, que és sua meta.

Décimo quinto dia

O ASNO DA PREGUIÇA

A preguiça é a cloaca dos vícios.

Essa afirmação Santo Antônio a faz no sermão do 1º domingo do Natal e a repete em outro, atribuindo a frase a São Bernardo. E busca no asno o exemplo da preguiça. Talvez em contraposição ao cavalo, símbolo da soberba, da pompa e da vitória. Santo Antônio distingue entre burro e asno, distinção que nós não fazemos em nossa linguagem comum. Para Santo Antônio, o burro simboliza a luxúria e o asno simboliza a preguiça. Em seu entender, o asno é preguiçoso e por isso não gosta de subir às alturas por preguiça de subir e descer. Por isso, prefere os baixios. Santo Antônio chega a lembrar a passagem do sacrifício de Isaac, quando Abraão, chegado aos pés do Monte Mória, manda aos servos ficarem embaixo com o asno, enquanto ele e o menino subiriam o morro para adorar a Deus (Gn 22,4). A preguiça impede à criatura humana de galgar as alturas.

No sermão para a Festa de São João Evangelista, depois de discorrer longamente sobre a figura da águia, que voa muito alto (como João à procura da origem divina de Jesus) e tem o olho muito aguçado (como João, procurando desvendar os mistérios do Filho de Deus encarnado), o Santo se refere ao contrário das alturas e profundezas, que é a preguiça, tanto física quanto espiritual. A preguiça, diz Santo Antônio, paralisa as pernas e resseca os músculos. Ele cita, então, o livro dos Provérbios (26,13-14): "O preguiçoso, para não agir, se desculpa, dizendo que tem uma fera no caminho e não vai se expor a ser devorado". Santo Antônio, ainda citando os Provérbios, diz com alguma jocosidade: "Assim como a porta gira sobre as dobradiças, o preguiçoso se gira sobre a cama da comodidade".

No sermão para o quarto domingo da Páscoa, o Santo lembra que, onde há preguiça, crescem rápido os maus pensamentos. Somos parecidos ao campo. Se nele nada se cultiva, bem logo é invadido por ervas daninhas, ou seja, pelos espinheiros dos maus pensamentos e maus desejos. E no terceiro domingo da Quaresma, desenvolvendo a passagem de Mateus (12,43-45), que fala do espírito impuro que encontra a casa vazia e, por estar vazia, bem arrumada, escreve: "A casa vazia é a alma ociosa. Já São Bernardo ensinou que a preguiça é a cloaca de todas as tentações, de todos os pensamentos maus e inúteis. O diabo gosta de tentar a criatura humana vazia, tépida, desleixada e preguiçosa".

Santo Antônio lembra que além da preguiça corporal, também chamada indolência, há a preguiça espiritual. Ambas são vícios. A preguiça espiritual pode chamar-se tibieza, torpor, indiferentismo, ociosidade. Deus detesta a tibieza, tanto que o Apocalipse (3,16) põe na boca de Jesus estas palavras: "Porque és tíbio, te vomito da boca".

No sermão do 3º domingo da Páscoa, Santo Antônio volta a acentuar a necessidade de não ficarmos à toa, e cita São Jerônimo: "Deve-se estar sempre ocupado, para que o campo de nosso coração, ao acabar algum trabalho, não seja ocupado pelas urzes dos maus pensamentos". E acrescenta um pensamento de Santo Isidoro: "A sensualidade ataca com mais força quem está ocioso". Como confessor experimentado, o Santo chama a atenção para o fato de o ocioso ter dificuldade até mesmo para confessar seu pecado. Diz ironicamente: "O tíbio é capaz de bocejar enquanto confessa". No sermão para a Festa da Cátedra de São Pedro, nosso Santo diz que, assim como o ócio engorda o corpo, a ociosidade entope o coração de maldades.

Canonização de Frei Antônio

Atraído por dezenas de milagres, o povo foi chegando de todas as partes. Durante 15 dias, Pádua regurgitou de povo em torno da sepultura de Frei Antônio. Dizem as crônicas do tempo que era gente de todas as classes sociais, de todas as idades e profissões. E ninguém sabe até hoje dizer por que o povo começou a chegar com círios de todos os tamanhos, alguns tão grandes que precisavam ser transportados aos ombros por dois homens. Até hoje, nos santuários do Santo, há sempre um velário com círios acesos.

Outro pormenor, muitos círios eram adornados com lírios artificiais, de metal folheado ou prata, de seda ou linho branco. Os ourives e os artesãos porfiavam na feitura de lírios. Outro costume que se ligou inseparavelmente da devoção ao Santo. Nem se pode imaginar uma estátua ou um quadro de Santo Antônio sem um galho de lírio. Só depois de criado o costume pelo povo, começou-se a interpretar as velas e os lírios oferecidos ao Santo.

A diocese de Pádua e a prefeitura organizaram uma comissão que foi ao Santo Padre pedir a imediata canonização de Frei Antônio. O Papa Gregório IX conhecia muito bem quem era Frei Antônio. Determinou que o Bispo de Pádua e os Priores dos dois conventos dominicanos da cidade elaborassem o processo exigido para a canonização. Cumpridas todas as normas, o Papa marcou a canonização para o dia 30 de maio de 1232, Festa de Pentecostes, na Catedral de Espoleto (perto de Assis). Ainda não havia decorrido um ano da morte do Santo.

Além de canonizá-lo, mandou o Papa que sua festa fosse celebrada em toda a Igreja e não só na Itália, no dia 13 de junho.

Oração a Santo Antônio

Desde 1232, popularizou-se o responsório composto em latim por Frei Juliano de Spira para a Festa de Santo Antônio. O povo o conhece como "Responso", ou pelas primeiras palavras em latim: "Si quæris". Damos a versão de Amélia Rodrigues:

> Se milagres tu procuras
> Pede-os logo a Santo Antônio
> Fogem dele as desventuras,
> O erro, os males e o demônio.
>
> Torna manso o iroso mar,
> Da prisão quebra as correntes,
> Bens perdidos faz achar
> E dá saúde aos doentes.

Aflições, perigos cedem
Pela sua intercessão;
Dons recebem se lhos pedem
O mancebo e o ancião.

Em qualquer necessidade
Presta auxílios soberanos;
De sua alta caridade
Fale a voz dos paduanos.

Glória seja dada ao Pai
Glória ao Filho, nosso Bem,
E glória ao Espírito Santo
Pelos séculos sem fim, amém.

Palavra dos Contemporâneos

No ano de 1263 as veneráveis relíquias de Santo Antônio foram transferidas para a nova e grandiosa basílica na oitava da Ressurreição do Senhor, em cerimônia soleníssima, entre sons de órgãos e clangor de trombetas, retinir de címbalos e doce melodia de suaves cânticos. E pôde então ver-se como a sua língua, depois de trinta e dois anos sepultada na terra, ainda se conservava fresca, rubra e bela, como se o Santo tivesse expirado naquele momento.

Benígnitas, texto de 1280

Palavra do nosso tempo

Há uma constelação de milagres e lendas flutuando em torno de Santo Antônio. Muitos foram imortalizados por artistas, como a pregação aos peixes, o coração do avarento encontrado no cofre, a mula que adora a Eucaristia, o recém-nascido que fala em defesa da mãe inocente. De todos eles emerge uma figura de santo compadecido, confidente, atento e amigo do povo. O povo vai ao Santo, não porque espera milagres, mas porque gosta dele e o tem como protetor e amigo. O milagre que pede é o das coisas mais normais da vida: a saúde, o alimento, a casa e o casamento, um bom emprego com salário digno, ajuda para encontrar coisas perdidas ou superar situações difíceis, enfim, o grande milagre de uma vida normal, do jeito como Deus quer. Este é o maior milagre do Santo e o mais desejado.

Fr. Adelino Pilonetto, texto de 1995

Milagre de Santo Antônio

Havia mais de oito anos que uma mulher, de nome Gilda, se encontrava tão tolhida que, atrofiada a perna esquerda e contraídos os tendões, nem sequer podia fixar o pé no chão. Com muita dificuldade, locomovia-se um pouco ajudada pelas muletas. O marido dela, chamado Marcoaldo, a pôs num cavalo e a levou a Pádua. Conseguiu deixá-la bem perto do túmulo de Santo Antônio. Ela rezou e rezou muito. Em dado momento, sentiu a mão de alguém que lhe tocava a barriga como que tentando endireitá-la. Procurou saber quem era, mas não viu ninguém. Levantou-se sozinha e saiu andando e voltou para casa curada, com o marido.

Oração escrita por Santo Antônio

Rogamo-te, Senhor Jesus Cristo, que nos eleves das coisas terrenas nas asas das virtudes e nos vistas com o candor da pureza, a fim de que possamos levar os fardos da fraqueza fraterna e chegar a ti, que suportaste os nossos. Auxilia-nos tu, que és bendito pelos séculos dos séculos. Assim seja!

15º de Pentecostes

APÊNDICE

DADOS DA VIDA DE SANTO ANTÔNIO

1195: Nasce em Lisboa. No Batismo recebe o nome de Fernando.

1210: Termina os estudos secundários e entra no Mosteiro dos Cônegos Regulares de Santo Agostinho.

1212: Passa a viver em Coimbra, onde se especializa em estudos bíblicos.

1219: Passam por Coimbra cinco religiosos franciscanos a caminho de Marrocos. Pouco depois, seus corpos martirizados retornam, por Coimbra, à Itália. O monge Fernando deixa os Agostinianos, entra na Ordem dos Franciscanos, troca o nome para Frei Antônio. Pede para ser missionário na África.

1220: Embarca como missionário para Marrocos. Adoece gravemente e é devolvido à Europa, em março de 1221. Uma tempestade desvia o navio para a Sicília, na Itália. Recolhido pelos Frades, recupera a saúde e parte para Assis, para encontrar-se com São Francisco.

Depois, vai trabalhar como hospedeiro e cozinheiro no pequeno Convento de Montepaolo.

1222: Começa sua vida missionária no norte da Itália e sul da França. Ensina Teologia aos Frades estudantes.

1227: É eleito superior da província franciscana do norte da Itália. Cria fama de grande pregador, taumaturgo, defensor dos pobres e injustiçados. Sua chegada, em cada cidade, parava tudo: todos iam ouvi-lo pregar.

1228: Prega os sermões quaresmais para o Papa Gregório IX e à Cúria romana.

1230: Adoentado, fixa residência em Pádua. Dedica-se ao confessionário, ao término dos esquemas dos sermões para os domingos e dias santos, e à pregação nos arredores da cidade.

1231: Fins de fevereiro e março, prega diariamente a Quaresma em Pádua. Agrava-se sua saúde.

Dia 13 de junho, sexta-feira: Falece no caminho entre Arcela e Pádua, quando retornava ao Convento deitado num carro de boi. As crianças de Pádua, sem aviso prévio, saem pelas ruas, gritando: "Morreu o Santo! Morreu o Santo!"

Dia 17 de junho, terça-feira: É sepultado em Pádua e o povo, durante semanas, não se afastou de sua sepultura. Nasce a devoção ao glorioso santo às terças-feiras.

1232: Dia 30 de maio: Festa de Pentecostes, o Papa Gregório IX canoniza Santo Antônio, na Catedral de Espoleto.

1263: Dia 7 de abril: Seu corpo foi exumado para ser posto na basílica levantada em sua honra. Encontrou-se intacta sua língua, que foi posta em relicário à parte.

1530: Segundo reconhecimento dos ossos do Santo. O mento é separado e posto em relicário.

1946: Dia 16 de janeiro: O Papa Pio XII declara Santo Antônio doutor da Igreja.

1981: 6 de janeiro a 1º de março: Último reconhecimento dos ossos de Santo Antônio.

BIBLIOGRAFIA RESUMIDA

BERTAZZO, Luciano. *L'Ottavo Centenário della nascita di S. Antonio di Padova*, Cronaca e documentazione. Padova: Centro Studi Antoniani, 1995, 120 p.

GAMBOSO, Vergilio. *Vida de Santo Antônio*. Aparecida: Editora Santuário, 1999, 224 p.

_____. *I Fioretti de Santo Antônio*. Aparecida: Editora Santuário, 2000, 136 p.

HARDICK, Lothar. *Santo Antônio, Vida e Doutrina*. Petrópolis: Editora Vozes, 1991, 172 p.

LOPES, Fernando Félix. *S. António de Lisboa, Doutor Evangélico*. Braga: Editorial Franciscana, 1992, 348 p.

MATTOS, Armando de. *Santo António de Lisboa na tradição popular*. Porto: Livraria Civilização Editora, 1937, 206 p.

MINISTROS GERAIS. *Antônio, homem evangélico*. Petrópolis: Família Franciscana Brasileira, 1995, 44 p.

NEOTTI, Frei Clarêncio. *Santo Antônio, Simpatia de Deus e do Povo*. Marques Saraiva, Rio de Janeiro, 2005. 86 p.

NEOTTI, Frei Clarêncio. *Santo Antônio, Mestre da Vida*. Seleção de textos antonianos. Aparecida: Editora Santuário, 2007, 376 p.

VÁRIOS AUTORES, *Santo António de Lisboa, biografias, sermões*. Três volumes. Braga: Editorial Franciscana, 1998, 420 p., 640 p., 610 p.

URIBE, Fernando (org.). *Il "Liber Naturae" nella "Lectio" Antoniana*. Roma: Edizioni Antonianum, 1996, 330 p.

VÁRIOS AUTORES. Dizionario Antoniano. Edizioni Messaggero Padova, 2002.

VÁRIOS AUTORES. *Santo Antônio de Pádua, homem do Evangelho, confidente do povo*. Petrópolis: Família Franciscana Brasileira, 88 p.

VIEIRA, Padre Antônio. *Santo Antônio Luz do Mundo*. (Nove sermões pronunciados por Vieira sobre Santo Antônio, anotados por Frei Clarêncio Neotti.) Editora Vozes, 1997, 350 p.

DADOS DO AUTOR

FREI CLARÊNCIO NEOTTI, OFM

Nasceu em 29 de dezembro de 1934, em Salete do Ribeirão Grande, SC, 7º de dez filhos do casal José e Esther P. Neotti. Fez todos os estudos nos seminários da Ordem Franciscana. Ingressou no Noviciado em dezembro de 1954. Professou solenemente em dezembro de 1958 e ordenou-se padre no dia 6 de janeiro de 1961.

Licenciado em Letras pela Universidade Católica de Petrópolis (1962). Curso de especialização em Cultura Moderna, Paris (1973). Diretor e Redator da *Revista de Cultura Vozes* (1966-1986). Redator da revista *Vida Franciscana* (desde 1975). Editor e Redator do *Centro Informativo Católico* (1974-1986). Diretor-Presidente da Sonoviso (1987-1992). Professor de Comunicação e Teologia Pastoral no Instituto Teológico Franciscano de Petrópolis (1970-1986).

Membro fundador e por dois períodos consecutivos Presidente da União Cristã Brasileira de Comunicação Social (1976-1980). Presidente por três períodos sucessivos da União Católica Latino-Americana de Imprensa (1981-1990). Vice-Presidente da União Católica Internacional de Imprensa (1991-1993).

Organizador de três encontros dos Editores Católicos da América Latina e de vários congressos em âmbito nacional e internacional. Membro fundador e Presidente da União dos Editores Franciscanos (1996-2000). Membro de Honra da União Católica Internacional de Imprensa.

Pároco da Igreja do Sagrado Coração de Jesus, em Petrópolis (1980-1983).

De janeiro de 1995 até setembro de 2003 trabalhou no Departamento de Comunicação e Informação da Ordem, em Roma.

A partir de dezembro de 2003 até hoje é Reitor do Santuário de Santo Antônio do Largo da Carioca, Rio de Janeiro.

ÍNDICE

Introdução 5
1. Santo Antônio, Mestre de Sabedoria 9
2. Santo Antônio, Mestre de Inteligência 18
3. Santo Antônio, Mestre do Conselho 27
4. Santo Antônio, Mestre de Fortaleza 36
5. Santo Antônio, Mestre de Ciência 45
6. Santo Antônio, Mestre de Piedade 54
7. Santo Antônio, Mestre no Temor de Deus 63
8. Maria: Mulher de Duplo Parto 72
9. Os Chifres da Soberba 81
10. Os Dentes da Avareza 90
11. A Espuma da Luxúria 98
12. O Fogo da Ira 107
13. O Deus da Gula 116
14. O Dragão da Inveja 125
15. O Asno da Preguiça 134
Apêndice 143
Bibliografia resumida 147
Dados do Autor 149